¿Y SI NO HUBIERA UN MAÑANA?

BELLA FALCONI

PREFACIO DE HERNANDES DIAS LOPES

¿Y SI NO HUBIERA UN MAÑANA?

REFLEXIONES SOBRE DIOS, LA FE Y LA VIDA ETERNA

Bella Falconi
Título original:
E se não houvesse amanhã?
©2021 Edición hispánica por
Editora Hagnos Ltda.

1ª edición: junio de 2021

TRADUCCIÓN
Claudia A. Sarmiento Moreno

REVISIÓN
Beatriz Rodrigues

CUBIERTA
Rafael Brum

MAQUETACIÓN
Sonia Peticov

EDITOR
Aldo Menezes

COORDINADOR DE PRODUCCIÓN
Mauro Terrengui

IMPRESIÓN Y ACABADO
Imprensa da Fé

Las opiniones, las interpretaciones y los conceptos expresados en esta publicación son responsabilidad del autor y no reflejan necesariamente el punto de vista de Hagnos.

Todos los derechos de esta edición reservados para:
EDITORA HAGNOS LTDA.
Av. Jacinto Júlio, 27
04815-160 — São Paulo, SP
Tel.: (11) 5668-5668

Correo electrónico: hagnos@hagnos.com.br
Página web: www.hagnos.com.br

Editorial asociada con:

Catalogación en la Publicación (CIP)
Angélica Ilacqua CRB-8/7057

Falconi, Bella

¿Y si no hubiera un mañana? / Bella Falconi; traducción de Claudia A. Sarmiento Moreno. — São Paulo: Hagnos, 2021.

ISBN 978-65-86048-86-5

Título original: E se não houvesse amanhã?

1. Vida cristiana 2. Dios 3. Fe 4. Jesucristo I. Título II. Sarmiento, Claudia

21-1372   CDD 248.4

Las puntuaciones de catálogo sistemático:
1. Vida cristiana

Dedico este libro a Dios, antes que nada. Después, a mi esposo, Ricardo Rocha, que tanto me motiva y me apoya en mi camino, y a mi pastor, Hernandes Dias Lopes, que tanto me enseña y me inspira.

ÍNDICE

Prólogo (Rev. Hernandes Dias Lopes) 9
Introducción 11

CAPÍTULO 1 Cosmovisión cristiana 19
CAPÍTULO 2 ¿Por qué podemos confiar en la Biblia? 33
CAPÍTULO 3 Los Evangelios 51
CAPÍTULO 4 Rehenes en la casa del valiente 63
CAPÍTULO 5 ¿La muerte que Él murió vale la vida
 que tú vives? 79
CAPÍTULO 6 Somos como la neblina 89
CAPÍTULO 7 Jesús como Señor, y no sólo Salvador 97
CAPÍTULO 8 El Evangelio para hoy 105

Sobre la autora 125

Prólogo

Tengo el gran honor de hacer el prefacio a esta bellísima obra de Bella Falconi, mi amiga y hermana. Lo hago con entusiasmo y por motivos elocuentes. Primero, porque la conozco. Bella es una mujer brillante. Su vida con Dios endosa esta obra. Su testimonio les da aval a estas palabras. Como mujer, esposa, madre y profesional, deja las marcas de su ejemplo en todo lo que hace. Su amor por las Escrituras y su compromiso con la verdad son evidentes. Su devoción a Cristo y su compromiso en el testimonio del Evangelio se pueden ver por dondequiera que pase.

Segundo, porque su obra es relevante. Este libro revela las verdades esenciales de las Escrituras, especialmente aquellas que son esenciales para la salvación. Bella no es costurera de lo efímero, sino escultora de lo eterno. No se entrega a una faena agotadora para la explotación de lo superfluo; sino que enumera ante nuestros ojos, con diáfana claridad, las verdades que pueden hacer a los hombres sabios para la salvación.

Tercero, porque su mensaje tiene carácter urgente. La vida es más que vivir, y la muerte es más que morir. La tumba no es nuestra última residencia. El hombre no es apenas un ser tangible. Fue creado a imagen y semejanza de Dios y regresará a Dios para saldar las cuentas de su vida. Nadie puede ser salvado por sus acciones. Ninguna religión puede ofrecer refugio completo para los seres humanos. Sólo en Cristo nuestra alma encuentra un aterrizaje seguro. Sólo en su nombre hay una salvación plena. La orden urgente de Dios es: arrepentirse y vivir, o no arrepentirse y morir.

Estoy seguro de que esta obra será un altavoz de Dios, que tocará la fuerte voz del Evangelio. ¡Lee, medita y pon en práctica estos mensajes!

Hernandes Dias Lopes

Introducción

A menudo se nos aconseja vivir nuestra vida al límite, "porque solo se vive una vez". No podemos discrepar, porque, de hecho, solo vivimos una vez, "y después de esto, el juicio" (Hebreos 9:27). Y sobre vivir intensamente, creo que en cierta forma esta declaración sigue siendo cierta, siempre y cuando la intensidad de la vida esté destinada a lo que es realmente digno de vivir.

La gran pregunta que te hago hoy es, ¿y si realmente no hubiera un mañana? Imagina que hoy te despertaste en el horario de siempre e hiciste las mismas cosas que haces todos los días: estirarte, apagar el despertador, cepillarte los dientes, ducharte, desayunar y seguir tu rutina del día. Mas imagínate que, a diferencia de todo lo que pudieras imaginar, tu vida se acabara hoy. ¿Y entonces? ¿En qué lugar abrirías los ojos?

Una vez escuché una frase que impactó profundamente mi vida: "La forma en que vivimos esta vida define toda nuestra eternidad." Pero entonces podrías contestar diciendo, "Pero ¿quién dice que hay algo después de aquí? ¿Quién garantiza que Dios existe?" Y mi respuesta sería: "¿Quién garantiza que Él no existe?" No pretendo en este libro convencer a nadie de la existencia de Dios, sino hacer reflexionar a mi querido lector sobre asuntos cruciales para todo ser humano.

Sin embargo, para no perder la oportunidad de hablar adecuadamente sobre la existencia de Dios, me gustaría proponer un paralelismo y pedirles que reflexionen sobre su mente. Todos producimos pensamientos a todo momento cuando estamos despiertos. Nadie es capaz de "apagar" sus pensamientos por completo, y muchos de nosotros tenemos problemas para lidiar con ellos. ¿Pero cuántos hemos visto nuestros pensamientos? ¿Cuántos hemos visto nuestras mentes? Estoy seguro de que tú y yo estamos de acuerdo en que nadie ha visto ni los pensamientos ni la mente, pero sabemos que ambos existen nada más porque la mente y los pensamientos se manifiestan en nuestra vida de una manera real y plausible.

Así es con Dios. No podemos ver a Dios cara a cara, pero sabemos que Él existe y se manifiesta de una manera real. ¿Cuestionaríamos la existencia del amor, el anhelo y la alegría simplemente porque no podemos verlos? ¿De veras sentirlos no es suficiente para estar seguro de la existencia de cada uno de ellos? Entonces, ¿por qué dudamos tanto sobre la existencia de Dios?

Desde Platón (428-347 a.C.) hasta Heidegger (1889-1976), la filosofía cuenta con numerosas teorías y enseñanzas sobre la muerte. El pensador alemán Schopenhauer afirmó en el siglo XIX que la muerte es la musa de la filosofía y, de la misma forma, Sócrates definió la filosofía como una especie de "preparación para la muerte".

El filósofo griego Epicuro consideraba que el ser humano era como un ser macizo, formado por una serie de átomos en movimiento, y definió la muerte como la simple disolución de estos átomos, lo que más tarde daría lugar a un nuevo ser mediante la reunificación.

Platón y Sócrates veían la muerte como una quimera: "pues cuando yo estoy, ella no está; y cuando ella está, yo no". En la visión del filósofo alemán Nietzsche, el hombre padece la muerte de dos maneras: de manera cobarde, o de la forma conocida, como muerte voluntaria. La muerte "cobarde" le ocurre al hombre que no tiene una idea real del tiempo, siendo atacado por la muerte que "parece ser un accidente repentino". La muerte aparece, para estas personas, como una fatalidad. Nietzsche afirma que, a diferencia de la muerte cobarde, la muerte voluntaria es la que ocurre en el momento adecuado, llegando a aquellos que aceptan la muerte, sin buscar a un culpable, pero aceptándola como un elemento intrínseco a la vida humana. Es decir, un tiempo bien vivido resulta en una muerte en el momento adecuado.

Los escritos de Nietzsche muestran una idea anticristiana de la muerte, y él mismo afirma que el cristianismo promete vida eterna a aquellos que saben vivir bien la vida, alimentando una falsa esperanza. Hay muchas ideas humanas sobre la muerte, y ciertamente ninguna de ellas podría ser tan correcta como la que el mismo Dios revela, el Creador de todas las cosas. Después de todo, la criatura no puede superar al creador, ni en explicaciones ni en teorías, en absolutamente nada.

Tal vez sea más cómodo pensar que cuando esta vida llegue a su fin, nos disolveremos como papel en el agua; y que tal vez más tarde nuestras moléculas podrán ser reutilizadas para formar una nueva vida, o que tendremos otras oportunidades en "otras vidas", hasta que podamos evolucionar y finalmente habitar en un lugar de descanso. La idea de que Dios no existe está estrechamente relacionada a la incredulidad humana, y también a la idea engañosa de quitarnos una responsabilidad brutal y aliviar nuestra culpa frente a una deidad, dando rienda suelta a actitudes criminales y a todo tipo de males que se encuentran en nuestra sociedad.

Si no hay un Dios, no puedo ser incriminado por mis acciones; por lo tanto, puedo cometer todo tipo de atrocidades y quedar bien al final. Obviamente ninguno de estos pensamientos está de acuerdo con las Escrituras. Todos seremos responsables ante Dios por nuestras actitudes, o por la falta de ellas. Y nadie puede decir que no sabía de su existencia, porque, aunque no todo el mundo ha leído realmente la Biblia, las Escrituras no son el único medio por el cual Dios se muestra. "Los cielos cuentan la gloria de Dios, Y el firmamento anuncia la obra de sus manos." [...] "No hay lenguaje, ni palabras, Ni es oída su voz." (Salmo 19:1,3).

Y contrario a la idea de que hay nuevas posibilidades después de esta vida, el autor de Hebreos nos asegura que a cada hombre se le da la oportunidad de vivir solo una vez, que será seguida por el juicio. Pero, ¿quién es el autor de Hebreos y cómo podría estar tan seguro de esta información? El autor de Hebreos no se revela en la carta, y hay muchas teorías sobre su identidad. Mas, a pesar de todo eso, debemos recordar tres cosas importantes:

1) Si la carta a los hebreos está en el canon bíblico, es porque vino de la inspiración divina; 2) Si está en el canon bíblico y vino de la inspiración divina, es infalible e irrefutable (así como todos los libros de la Biblia); y, por último, 3) no leemos la

Biblia para averiguar si Dios existe — la leemos tomando como cierto que sí, Dios existe, pues la primera frase de la historia fue "Hágase la luz", y fue Dios mismo que la dijo.

Por eso, Él ya existía antes que todas las otras cosas existieran. Es autónomo y autosuficiente. No fue creado, pero ya existía en sí mismo. E incluso cuando la ciencia discute la idea de la existencia de Dios, queda entonces un enorme abismo de preguntas sin respuesta: ¿Podría el caos dar origen al orden? ¿Podría todo nacer de la nada? ¿Podrían los átomos y micropartículas dar lugar a seres racionales, con personalidad, sentido de la ética y la moral y los sentimientos? ¿Cómo podría eso ser posible? Estas son preguntas para las que los evolucionistas no tienen respuestas convincentes.

Aunque el enfoque de este libro no es probar la existencia de Dios, es inevitable tratar de ese asunto, ya que nuestra idea de la existencia, o ausencia, del mañana depende de cómo veamos a Dios y de lo que él nos revela. Tal vez creas que la Biblia sólo es una colección de escritos arcaicos con poca credibilidad e inútil en nuestros días. Lo cual no deja de ser, en cierto modo, una comodidad mental, ya que es mucho más fácil negar la importancia de las Escrituras y nada más ignorarlas, que leerlas y dedicarse a entenderlas, ser confrontado por ellas, y más que eso, ponerlas en práctica.

El mundo nos ofrece muchos atajos. ¿Para qué perderíamos tiempo buscando el Camino? El mundo nos ofrece muchas soluciones rápidas. ¿Por qué perderíamos el tiempo rompiéndonos la cabeza con teología? Pero la gran pregunta es: ¿A dónde nos llevan esos atajos? Seguramente nos llevarían por cualquier camino, pero nunca por el Camino. ¿Y las soluciones rápidas? ¿Qué nos propondrían: beber para olvidar? ¿Vivir "con locura", porque la vida hay que vivirla? ¿Placeres mundanos y temporales? ¿Y qué beneficios nos traerían a largo plazo? Me atrevo a decir que los atajos más nos llevan a caminos de perdición que a campos verdes. Y también me atrevo a decir que las soluciones rápidas nos llevan a actitudes más desastrosas que beneficiosas.

Entonces, ¿por qué tanta gente continúa equivocándose? Porque hay un enemigo invisible, también llamado el "dios de este siglo" por el apóstol Pablo, que cegó los entendimientos de los incrédulos (2Corintios 4:4). El dios de este siglo, también llamado Satanás, aunque no es soberano y es sumiso a Dios, ejerce una gran influencia en las opiniones, ideas, metas e ideales de gran parte de la gente. La influencia de este ser maligno en la vida de los seres humanos afecta varias áreas, incluyendo falsas doctrinas sobre la muerte, el día del juicio y la vida eterna. Su principal especialidad es robar, engañar, mentir y agredir a las criaturas de Dios, y no debemos subestimarlo.

Las Escrituras nos dicen que los incrédulos son tomados como rehenes en la casa del "valiente", en tal caso, Satanás (Marcos 3:27). Y una de las artimañas que el enemigo usa para secuestrar nuestra alma es justamente cuando nos hace creer que debemos vivir la vida de cualquier forma, sucumbiendo a los placeres y deseos de la carne, porque el mañana no es seguro para nadie y porque la muerte llegará para todos. De hecho, la muerte física llegará para todos, pero aquellos que nacieron de nuevo también resucitarán en el último día, y recibirán la corona de la vida eterna. Porque Cristo venció a la muerte, y el que ha sido hecho parte de la Parra disfrutará del descanso eterno.

Muchos se están dejando llevar por la falsa idea de que habrá una segunda oportunidad o que después de la muerte no hay nada más, y que por eso podemos y debemos hacer lo que queramos en esta vida. Así, se van alejando cada vez más de Dios, de la gracia maravillosa de Jesucristo y de la promesa de la vida eterna a su lado. Ese es exactamente el plan de Satanás. Una vez leí una frase que decía: "Ser un joven cristiano no significa perder la juventud, sino ganar toda la eternidad". Nada podría explicar de forma tan sencilla y sublime la forma como veo las promesas del cristianismo. Nada se pierde donde Cristo está, y no hay vida que valga más la pena vivir que una vida cristocéntrica. Aunque los incrédulos se atrevan a cuestionar: "Pero, ¿y si al final llegamos allí y no hay ni Dios, ni Cristo, ni vida eterna?" Yo me atrevo a responderles: "Al menos viví una vida correcta y digna de ser vivida". Ninguna vida vivida para Dios es una vida desperdiciada. Ningún acto de fe, ni oración, ningún acto de amor fraternal o de perdón será en vano.

Y si creemos que nada viene de la nada, que hay un Dios creador que no sólo crea, pero que también gobierna y guarda su creación, y que hay algo después de este viaje terrenal, debemos estar de acuerdo en que no podemos vivir de cualquier forma. De hecho, nadie puede escapar a la gran pregunta: ¿Y si no hubiera un mañana?

CAPÍTULO 1

COSMOVISIÓN CRISTIANA.

Estoy segura de que a mi lector ya le preguntaron o ya le preguntó a alguien, por lo menos una vez, sobre su filosofía de vida. Bueno, tu filosofía de vida también es tu cosmovisión. La cosmovisión tiene las respuestas de alguien a las preguntas esenciales de la vida, siendo también la infraestructura conceptual de las creencias fundamentales de este individuo.

La palabra "cosmos" es la transliteración del término griego κεσμος, lo que significa "bien ordenado" u "ornamentado" y metafóricamente significa "mundo". En la teología cristiana, la palabra "cosmos" es usada para referirse a este mundo; así, cosmovisión significa la forma en que vemos este mundo, a través de lentes hechas a partir de nuestras suposiciones, que evalúan el mundo y tienen un juicio de valor sobre ciertos aspectos. Toda cosmovisión está compuesta por capas de presuposiciones, y todo lo que hacemos es a partir de cómo vemos el mundo y lo que creemos que es correcto o no. Estas suposiciones se externalizan a través de nuestras motivaciones, creencias básicas, certezas, valores, etc.

En la cosmovisión cristiana, la primera suposición esencial es que la Santa Biblia es la Palabra de Dios y, por lo tanto, la única regla de fe y práctica adoptada por la iglesia de Cristo (2Timoteo 3:16). En las Escrituras recopilamos informaciones y enseñanzas que construyen, basan y guían nuestra opinión sobre el mundo y todo lo que hay en él. Por "informaciones" quiero decir que todo lo que leemos en las Escrituras no son meras suposiciones, sino hechos reales.

Al leer las Escrituras, presuponemos que Dios existe y no necesitamos pruebas para creer en toda su revelación escrita y en el hecho de que ella es irrefutable e infalible. Además, las Sagradas Escrituras no son simplemente un conjunto de libros con orientaciones, que nada más nos ordenan qué hacer o no hacer. Mucho más que eso, ellas cuentan historias que muestran el plan de redención del Señor. Cuando leemos y estudiamos esas historias, descubrimos cómo Dios se manifestaba en el pasado, cómo se manifiesta en el presente y cómo será la historia del porvenir, cuando se haga el nuevo cielo y la nueva tierra.

A partir de las Escrituras, podemos formar opiniones sobre lo que Cristo espera de los cristianos y así colocar en práctica sus enseñanzas, lo que nos lleva a actuar en este mundo para que el nombre de Jesús sea glorificado con nuestras vidas. Como cristianos, podemos y debemos tener una opinión sobre varios temas, incluso los más polémicos, amparados por las enseñanzas bíblicas, seguros de que, estando basados en la Biblia, nuestros principios reflejarán la verdad del Evangelio y nuestra cosmovisión se ajustará correctamente a las lentes del cristianismo. Debemos recordar que la Biblia es lo suficientemente

[...] las **Sagradas Escrituras** no son simplemente un conjunto de libros con orientaciones, que nada más nos ordenan qué hacer o no hacer. Mucho más que eso, ellas cuentan **historias** que muestran el **plan de redención** del Señor.

completa como para abordar hasta los temas más controvertidos de este mundo.

Dios es soberano sobre toda la creación, y Cristo gobierna sobre todas las cosas. Por lo tanto, los cristianos siempre deben tomar de las Escrituras la forma de ver el mundo (cosmovisión), sin excepciones. Me gustaría llamar tu atención al "sin excepciones", ya que Jesús exhorta a la iglesia de Laodicea a no ser tibia; al contrario, que debe ser caliente o fría (Apocalipsis 3:15). El Evangelio no admite excepciones y, por consecuencia, la cosmovisión cristiana debe estar completamente de acuerdo con las Escrituras y ser formada a partir de las Escrituras. El que no está con Cristo, está contra Él; y el que con Cristo no recoge, desparrama (Lucas 11:23).

Pienso igual que Paul Washer cuando dice que lo que importa no es lo que pensamos, sino lo que la Biblia enseña. En la cosmovisión cristiana, lo que es correcto no es correcto porque así lo creemos, sino porque las Escrituras nos muestran que es lo correcto. Vale también para lo que es malo. Algo es malo no porque simplemente nuestros padres nos lo dijeron, sino porque las Escrituras nos dicen que es condenable. Es importante destacar, aún dentro de este contexto, que la raza humana fue corrompida por la entrada del pecado en el mundo, a punto de desajustar todos los aspectos de nuestra naturaleza y, así, nuestra visión "natural" se volvió completamente borrosa.

A menos que veamos el mundo a través de las lentes del Evangelio, no tendremos visión, pero sí una ceguera espiritual terrible. Nuestros pensamientos siempre deben estar elevados al cielo y anclados al Espíritu Santo de Dios, para que los principios y el carácter de Cristo se reflejen en nuestra vida a través de la sumisión a sus enseñanzas, de nuestra obediencia, fe, santidad, justicia, rectitud y nuestro amor. Como seguidores de Cristo, nuestra sumisión a la Palabra de Dios es la base sobre la cual establecemos nuestra visión del mundo. Sólo así seremos capaces de testimoniar a la persona de Cristo en el cosmos, siendo contrarios a todo lo que se opone a los valores bíblicos.

Cuando nuestra visión y nuestras lentes se ajustan y se basan en las Escrituras, los juicios de valor que hacemos, representan genuinamente el pensamiento cristiano. Es importante ver la vida a partir de la historia bíblica, que se divide en cuatro partes: la creación, la caída, la redención en Cristo, y la consumación futura de la redención. Son estos los cuatro pilares que necesitamos para construir nuestra cosmovisión.

¿Y por qué la cosmovisión es un tema tan serio, como ocupar el primer capítulo de este libro? En primer lugar, este tema es importante porque no hay un adulto que no tenga una visión del mundo definida; sin embargo, no todo el mundo se da cuenta de ello y su relevancia para nuestra vida. En segundo lugar, porque nuestra visión del mundo es nuestra verdadera «religión», la base de nuestra vida y los cimientos sobre los que pisamos. Y es justamente porque la cosmovisión es la base sobre la que se estructura nuestra vida que necesitamos construir sobre la Roca que nunca desmoronará ni temblará. ¿Y quién es la Roca, según la Biblia? ¡Jesucristo!

Me mudé a los Estados Unidos en 2007, y lo primero que me llamó la atención fue la gran diferencia que existía entre gran parte de lo que traje de mi cultura brasileña y lo que estaba viviendo en ese país. Puedo citar aquí un ejemplo clásico, que es la forma en que nos saludamos en Brasil. Hasta para un completo extraño somos capaces de dar un cálido abrazo e incluso un beso o dos en la mejilla. En los Estados Unidos, este hábito no existe. La gente suele estrechar la mano, y sólo cuando hay intimidad de nivel familiar podemos esperar abrazos cálidos. Los besos, sin embargo, son menos comunes. En Brasil, no abrazar a alguien durante un saludo es sinónimo de falta de educación o frialdad (a veces también puede denotar timidez). En los Estados Unidos, es extremadamente normal no distribuir abrazos durante los saludos.

Veamos ahora esta contradicción desde el punto de vista cultural: los mismos actos se interpretan de maneras diferentes en países diferentes. Este ejemplo un poco superficial, pero útil para fines ilustrativos, nos permite concluir que hay diferentes visiones del mundo, que implican diferentes perspectivas. Un conjunto de pensamientos edifica una sociedad. Pero no podemos descuidar el punto más sensible de este tema: el hecho de que haya tantas culturas en el mundo no significa que podamos y debamos estar de acuerdo con todas ellas, con la justificación de que "cada uno hereda hábitos de su propia cultura" y, por eso está bien actuar o pensar de cierta manera.

En este momento necesitamos analizar los efectos de la caída en la humanidad y en los diversos aspectos de la existencia humana. Fuimos corrompidos por el pecado, y nuestra visión quedó completamente comprometida después de la caída de nuestros primeros padres, Adán y Eva. Es decir, no hay neutralidad en el ser humano: todos nuestros pensamientos y acciones se inclinan hacia el pecado. Y aunque hay innumerables culturas, sólo hay dos consecuencias de nuestras actitudes y nuestros pensamientos: o agradan o no agradan a Dios. El apóstol Pablo nos enseña en Colosenses 2:8 lecciones importantes sobre las filosofías de vida y que no hay lugar para la neutralidad:

> Mirad que nadie os engañe por medio de filosofías y huecas sutilezas, según las tradiciones de los hombres, conforme a los rudimentos del mundo, y no según Cristo.

Este versículo nos enseña claramente que hay diferentes filosofías y que no todas siguen los principios de Cristo. O nuestra cosmovisión está enraizada en el mundo, o está enraizada en Dios — no hay punto neutro. O caminamos a la merced de Dios y sus enseñanzas, o caminamos completamente separados de Él, y nuestra filosofía de vida, en ambos casos, es afectada. Pero no nos engañemos: hay muchos cristianos profesos que viven una filosofía equivocada, porque no conocen el concepto y la importancia de la cosmovisión y no conocen realmente las Escrituras. Eso nos permite concluir que cuanto más conscientes estemos de la existencia de la cosmovisión, más coherente se volverá. El hecho innegable es que a todos nos falta una visión coherente del mundo, y que sólo las Escrituras pueden dárnosla. Y no basta tener una visión coherente; depende de nosotros ponerla en práctica también.

Según el teólogo Heber Campos Jr., "una cosmovisión es un compromiso. Todos los que tienen una cosmovisión se comprometen con algo y están conectados a algo. Creen, viven y mueren por algo. Son los valores más importantes de su vida. Es un compromiso. Una orientación fundamental del corazón". Pero es importante considerar que estas ideas y orientaciones no siempre son verdaderas y coherentes, o sólo una parte de ellas es verdadera y coherente.

El hombre no es aquello que piensa, sino a lo que su corazón se aferra. "Porque donde esté vuestro tesoro, allí estará también vuestro corazón." (Mateo 6:21). Todo ser humano es, en cierto sentido, un ser religioso. Fuimos creados para adorar, y cuando no tenemos una cosmovisión coherente sobre el Dios verdadero, acabamos adorando a la criatura, no al Creador. Ponemos en el lugar de Dios a otros dioses (falsos) que se convierten en el centro de nuestra vida y en objeto de nuestra adoración. Hasta el más profesado de los ateos es religioso en cierto sentido, porque es una característica inherente a los seres humanos. Cada ser humano se aferra a algo — es un hecho irrefutable. Cuando entendemos el concepto de la cosmovisión, entendemos quiénes somos de verdad, y eso puede ser algo desafiador.

No somos nada más que nuestras palabras y nuestros discursos, y sólo cuando nuestra cosmovisión se vuelve más clara para nosotros, llegamos a entender quiénes somos de verdad. Las ideas que tenemos sobre el cosmos dicen mucho sobre nosotros. Sólo la Palabra de Dios es capaz de mostrar genuinamente los secretos de nuestro corazón. La diferencia entre las Sagradas Escrituras y los demás libros es que, a diferencia de los otros libros que leemos, es la Biblia la que nos lee, y esta es una característica exclusiva de la Santa Biblia, porque sólo ella es la Palabra del Dios vivo.

El tema de la cosmovisión es amplio, y sería imposible tratar todo el tema en un solo capítulo, pero como forma de introducción es esencial comprender la seriedad del tema y, en consecuencia, la urgencia de establecer o restablecer una cosmovisión coherente en nuestras vidas. Después de todo, vivimos en una sociedad moderna en la que incluso los cristianos parecen estar perdidos con relación a sus ideas. Por un lado, hay personas que no tienen conocimiento bíblico y, por lo tanto, no conocen a Dios a partir de su revelación sobre sí mismo; y por otro, hay personas que conocen la Palabra de Dios, pero no pueden organizar sus vidas para que reflejen los principios bíblicos en todos los aspectos, sin excepciones.

Muchos de nosotros nos equivocamos al fragmentar nuestra vida en compartimentos distintos, de modo que separamos nuestra fe o nuestras creencias religiosas de otras actividades cotidianas. Es decir, no siempre somos cristianos en nuestro trabajo o en la escuela; esto significa que sólo lo somos cuando nos conviene, o realmente no entendemos que no es nuestra vida la que determina nuestra fe, sino nuestra fe la que determina nuestra vida. No entendemos que no podemos separar la fe y los principios que profesamos de la totalidad de nuestra vida.

El cristiano no debe estar aislado del mundo, pero tampoco debe ser menos cristiano al estar en el mundo; después de todo, este mundo es el único lugar donde tenemos que ser cristianos. Por lo tanto, la cosmovisión cristiana debe reflejarse en todos los ámbitos de nuestra existencia, sin excepciones. La verdad de Dios profesada por la fe cristiana no se limita al aspecto espiritual de nuestra vida, sino que abarca nuestra vida y se refleja en ella en su totalidad. Es necesario que aprendamos a vivir en consonancia con lo que aprendemos, leemos, hablamos y predicamos.

No sirve de nada ser cristiano nada más en la iglesia o en los eventos religiosos, que son ambientes en los que ser cristiano no es difícil, porque el ambiente ya nos inclina a serlo. Es importante vivir el cristianismo a diario, hasta en las situaciones más complicadas, y vivirlo en la manera en que hablamos, nos comportamos, trabajamos, estudiamos, etc. Sólo hay coherencia en la vida cristiana cuando entendemos que es indivisible, es decir, no hay actividad "secular" cuando profesamos la fe cristiana. Todo lo que hacemos dentro o fuera de la iglesia debe revelar y reflejar a Cristo.

Jesús no vivió dentro de las sinagogas todo el tiempo. Predicó en los lugares más inusuales y casi nunca en ambientes religiosos. Su comportamiento no cambiaba, así estuviera en lo alto de una montaña, en un barco, rodeado de publicanos y fariseos, o dentro de una sinagoga. La palabra de Dios nos dice "y todo lo que hagáis, hacedlo de ánimo, como al Señor, y no a los hombres" (Colosenses 3:23). En otras palabras, no necesariamente tienes que servir en una iglesia o trabajar directamente en la obra de Dios para servirle.

Cualquier cosa que hagamos, absolutamente cualquier cosa, debemos hacerlo por la gloria de Dios (1Corintios 10:31). No hay dualidad en la vida de un verdadero cristiano. No hay separación entre "la obra de Dios" y la "obra secular". Ser cristiano es serlo plenamente. Ya sea en la iglesia o fuera de ella, nuestra cosmovisión debe reflejar los principios que enseñan las Escrituras, que son nuestra única regla de fe y práctica.

En las Escrituras, tenemos buenas referencias de hombres que entendieron esta misión. El apóstol Pablo es uno de ellos. No se volvió menos cristiano cuando lo encarcelaron o durante sus viajes misioneros a ciudades paganas. Mantuvo su postura tanto en la cárcel como en la iglesia. En el libro de Gálatas hay un relato muy interesante y aplicable a nuestros días, en el cual el apóstol Pedro fue duramente criticado por Pablo, quien consideró su actitud "reprochable". Pedro se relacionaba con los gentiles (no con los judíos) en la ciudad de Antioquía, pero se alejó de ellos cuando sus compañeros judíos llegaron a la ciudad.

> Pero cuando Pedro vino a Antioquía, le resistí cara a cara, porque era de condenar. Pues antes que viniesen algunos de parte de Jacobo, comía con los gentiles; pero después que vinieron, se retraía y se apartaba, porque tenía miedo de los de la circuncisión. Y en su simulación participaban también los otros judíos, de tal manera que aun Bernabé fue también arrastrado por la hipocresía de ellos. Pero cuando vi que no andaban rectamente conforme a la verdad del evangelio, dije a Pedro delante de todos: Si tú, siendo judío, vives como los gentiles y no como judío, ¿por qué obligas a los gentiles a judaizar? (Gálatas 2:11-14)

Ser cristiano es también tener la cosmovisión cristiana y caminar de acuerdo con la verdad del Evangelio. Como Pablo exhortó a Pedro, igualmente nos exhorta a ser imitadores de

Cristo como él lo fue (1Corintios 11:1) y nos enseña una preciosa lección sobre un gran desafío que tenemos en la tierra:

> No os conforméis a este siglo, sino transformaos
> por medio de la renovación de vuestro
> entendimiento, para que comprobéis cuál sea
> la buena voluntad de Dios, agradable y perfecta.
> (Romanos 12:2).

Es imposible complacer a Dios, hacer su voluntad y vivir de acuerdo con sus preceptos sin ajustar nuestra retina, a través de la cual vemos el mundo. Si queremos ejercer los principios morales y éticos que enseña la Palabra, urgentemente tenemos que limpiar las lagañas del mundo de nuestros ojos. Hay una frase que siempre digo: "Aunque viva en Babilonia (en el mundo), es de Israel que mis órdenes vienen". Esta comparación es muy útil para comprender que, aunque trabajes en una empresa llena de ateos, seguirás siendo cristiano en tu ambiente de trabajo, haciendo tu trabajo de manera apropiada, respetuosa y ética, para que el nombre de Jesús sea exaltado por tu comportamiento y para que te presentes de la mejor forma ante Dios.

Por la cosmovisión cristiana, no debemos ser meros seguidores de culturas, sino formadores de una nueva cultura, cuyos principios están enraizados en los valores celestiales. Tener una cosmovisión cristiana también es estar preparado para caminar contra el mundo, enfrentar conflictos internos y existenciales y, sobre todo, renunciar a viejos valores y visiones. Dios no pone remiendo de paño nuevo en vestido viejo, ni echa vino nuevo en odres viejos (Mateo 9:16,17). Siendo así, tener una cosmovisión cristiana es volver todo nuevo, y no simplemente tomar lo que es viejo y ponerle la etiqueta de góspel.

CAPÍTULO 2

¿POR QUÉ PODEMOS CONFIAR EN LA BIBLIA?

Sabemos que en los últimos años uno de los temas más discutidos es la veracidad, suficiencia y autoridad de la Biblia. Para empezar, me gustaría aprovechar esta oportunidad para compartir con ustedes algunas informaciones importantes sobre las Sagradas Escrituras, para poder discutir el tema de la confianza en la Biblia con más profundidad.

Para ello, dividiré este capítulo en tres partes para que podamos construir un camino sólido que nos lleve a la gran pregunta: ¿Podemos confiar en la Biblia?

Parte 1: ¿Qué es la Biblia y cómo fue hecha?

La Biblia es una lista de 66 libros reconocidos por la iglesia como inspirados por Dios y también es nuestra fuente externa de todo conocimiento de Dios, revelada por sí mismo.

La Biblia se divide en dos partes: Antiguo y Nuevo Testamento. En el Antiguo Testamento, hay 39 libros en total (en la versión en español), y en el Nuevo Testamento, hay 27 libros.

La Biblia no surgió de la noche a la mañana; hubo un proceso meticuloso y lento para que llegaran hasta nosotros las Sagradas Escrituras que conocemos.

La formación del canon bíblico (o canonización) comprende varios pasos, de los cuales mencionaremos dos: el reconocimiento de la inspiración divina y la compilación de escritos. El primer paso comprende el reconocimiento de la autoridad del libro por su naturaleza divinamente inspirada. El segundo paso abarca la compilación y preservación de los libros. A medida que se reconocía la inspiración de los libros, se guardaban y agregaban a otros libros existentes, que a su vez formaba una colección de libros sagrados. De una manera muy breve, los criterios de canonización incluyen: autoría profética, autoridad divina, verdad, naturaleza dinámica y aceptación por parte de todo el pueblo de Dios.

El canon del Antiguo Testamento se formó en tres etapas separadas: la Ley o *Torah* (los cinco libros de Moisés — Pentateuco), cerca de 400 a.C.; los Profetas o *Nevi'im* (mayores o menores), cerca de 200 a.C.; y los Escritos o *Ketuvim* (en 11 libros), cerca de 100 a.C. Es importante destacar que hasta el día de hoy la Biblia hebrea se divide de esta manera, y no hay evidencias que nos lleven a creer que el canon judío todavía se estaba desarrollando en los días de Jesús, ni después de él. Jesús mismo reconoció el Antiguo Testamento en su época y lo citó como Sagrada Escritura. Los profetas del Antiguo Testamento estaban plenamente conscientes de que habían recibido una revelación de Dios y que estaban completamente bajo su influencia y dirección durante el anuncio y el registro del mensaje revelado. Ellos no siempre entendían el mensaje, lo que demuestra que no interfirieron en él como seres humanos, pero estaban conscientes de que eran revelaciones de Dios.

Contrariamente a lo que muchos pensarían, los profetas no entraban en una especie de trance al recibir, proclamar y registrar la revelación de Dios. Estaban conscientes, por muy pasmados que estuvieran. La revelación divina era documentada para poder enviarla a varios lugares y personas, para preservar su integridad durante los días venideros y para ser utilizada como una especie de memorial o testimonio contra las personas.

Los libros del Antiguo Testamento fueron escritos en hebreo. Notamos que, durante la época del Antiguo Testamento, cuando se perdió el libro de la Ley, el pueblo acabó alejándose de Dios. Al encontrarlo, su lectura conmocionó al pueblo, lo que nos lleva a concluir muy claramente la inmensa relevancia, autoridad y necesidad del registro de la Palabra de Dios. Leer el mensaje de Dios causó grandes avivamientos en la historia, desde los días de Esdras en el Antiguo Testamento, hasta la actualidad. Esto demuestra el efecto que la Palabra de Dios causa en las personas justamente por ser la Palabra de Dios.

Mientras los libros del Antiguo Testamento eran escritos, su autoridad también era inmediatamente reconocida por el pueblo de Dios. Aunque no sepamos cuánto tiempo tomó la escritura de todo el Antiguo Testamento, sabemos que con Nehemías (400 a.C.) termina la colección de los 24 libros del canon hebreo (39 en la versión en español). Hay libros llamados apócrifos, que no cumplen los requisitos necesarios para ser considerados inspirados y autoritarios. Estos libros fueron escritos durante una época en la que ya no había profecías en

Israel, y ellos mismos no mencionan su inspiración, por lo que no fueron incluidos en el canon bíblico.

La formación del canon del Nuevo Testamento fue gradual y más lenta que la del Antiguo Testamento, con respecto al reconocimiento unánime. A diferencia del período del Antiguo Testamento, en el período neotestamentario, cuando un libro era reconocido como autoritario y divinamente inspirado, no era recogido y mantenido en un solo lugar, como se hacía en Israel. Las colecciones comenzaron a formarse en diferentes lugares, y sólo cuatro siglos después fueron unificadas y aceptadas por todos.

Cuando el apóstol Pedro habla sobre "todas las epístolas" (de Pablo) en 2Pedro 3:15,16, nos permite darnos cuenta de que los apóstoles realizaban la práctica de reunir los escritos sagrados, dado que Pedro tuvo acceso a todas las cartas de Pablo. A medida que se escribían los libros, también se añadían a las otras Escrituras. Sin embargo, no está clara la fecha exacta y cómo se formaron las primeras colecciones de libros del Nuevo Testamento.

Lo que sí sabemos es que a principios del siglo II las cartas de Pablo (*corpus paulinum*) ya circulaban en forma de colección, que a finales del siglo I los cuatro Evangelios (Mateo, Marcos, Lucas y Juan) ya eran una "unidad integrada" y aproximadamente en el año 170 ya se conocía el conjunto de los Evangelios. Los libros inspirados en el Nuevo Testamento fueron reconocidos por su origen, ya sea de los apóstoles o de personas directamente conectadas a ellos (apostolicidad).

Ya en el siglo II, la iglesia comenzó a establecer qué libros deben ser utilizados y cuáles no; también definió cuáles deberían ser traducidos a otros idiomas a fin de auxiliar aquellos que no entendían griego, pues los libros del Nuevo Testamento fueron escritos en ese idioma. De esta manera, surgió el Canon del Nuevo Testamento, aunque la forma en que se estableció esta lista no está totalmente clara para todos nosotros.

Aunque el canon haya terminado con el último de los apóstoles, solamente en el siglo IV la iglesia llegó a un consenso sobre qué libros deberían formar parte de la lista canónica. Los apóstoles pueden ser considerados una especie de "canon vivo" ya que fueron testigos oculares de las obras de Jesús y su resurrección. Ellos eran los que tenían la autoridad para refutar las leyendas y supersticiones que circulaban en ese momento. Por lo tanto, el testimonio y la autoridad de los apóstoles de Cristo fueron esenciales para el reconocimiento de los libros inspirados.

Los apóstoles no hablaron por su sabiduría humana, sino por la acción del Espíritu Santo de Dios. Los criterios para el reconocimiento del canon del Nuevo Testamento fueron extremadamente rigurosos, y este proceso lleno de criterios meticulosos, que llevó casi cuatro siglos, es una garantía para estar seguros de que lo que tenemos hoy es la revelación de Dios, tanto en el Nuevo como en el Antiguo Testamento.

La autoridad de los libros del canon del Nuevo Testamento está relacionada a la autoridad de Jesús, atribuida a los apóstoles. Dios nunca nos dejaría con suposiciones o lagunas. Justamente porque Él nunca actuaría así, nos dejó un canon cerrado con su revelación de la creación al futuro de la redención, que podemos creer y confiar y que para nosotros es suficiente. Dios es inmutable y, como su Palabra:

> El cielo y la tierra pasarán, mas mis palabras
> no pasarán. (Mateo 24:35).

Parte 2: Si la Biblia fue escrita por hombres, ¿cómo puedo creer que es la Palabra de Dios?

Antes de evaluar las razones por las que podemos creer que la Biblia es la Palabra de Dios, es importante entender que Dios no se limita a las Escrituras. De hecho, Dios es infinito, ilimitado. No hay límites para Dios, que se revela de diferentes maneras, cuando quiere y como le agrade.

Como acabamos de ver, la Biblia es nuestra fuente externa del conocimiento de Dios y la revelación verbal de Dios. Sin embargo, desde la creación del mundo Dios se ha mostrado. Dios no sólo se muestra a través de las Escrituras, sino también a través de la naturaleza, en tres aspectos diferentes:

1) En la creación, por el acto de crear, ya que la creación misma es el discurso de Dios, porque, después de todo, él habla sin necesitar palabras; 2) en la providencia, en el hecho de que el acto de crear se mantuvo de forma permanente y continua; 3) en el ser humano, creado a imagen y semejanza de Dios, que lo distingue de todo el resto de la creación material, convirtiéndolo en una revelación de Dios (Romanos 1:19).

La culminación de la revelación de Dios ocurre en Cristo Jesús, que es la Palabra Encarnada, y fue justamente porque el hombre fue creado a imagen de Dios que fue posible la encarnación de Jesús. ¿Y cómo podemos estar seguros de que Dios se revela en la naturaleza? Podemos citar aquí varios salmos conocidos como "salmos de la naturaleza", que muestran a Dios como creador soberano y guardián de todo el universo, destacando la naturaleza como un medio por el cual Él se revela a sí mismo, siendo ellos los Salmos 8, 19, 29, 65, 93, 104 y 147.

Los salmos de la naturaleza alaban y exaltan la soberanía de Dios sobre Su creación. La naturaleza no recibe y no reivindica para sí misma un título de deidad, como en el concepto panteísta. La divinidad está en Dios, creador del cielo y la tierra y, por consecuencia, de la naturaleza. Hasta los paganos conocen a Dios (Romanos 1:21) y responden a la revelación general del Señor en un intento de ocultarla y corromperla (Hechos 17:29). El paganismo es el resultado de la reacción del hombre a la revelación de Dios (naturaleza) a través de un conocimiento corrupto del hombre sobre Dios. Me gustaría citar aquí un acontecimiento muy interesante que le ocurrió al apóstol Pablo en Atenas, relatado en Hechos 17:22-24:

> Estando pues Pablo en medio del Areópago, dijo: Varones Atenienses, en todo os veo como más supersticiosos; Porque pasando y mirando vuestros santuarios, hallé también un altar en el cual estaba esta inscripción: AL DIOS NO CONOCIDO. Aquél pues, que vosotros honráis sin conocerle, a éste os anuncio yo. El Dios que hizo el mundo y todas las cosas que en él hay, éste, como sea Señor del cielo y de la tierra, no habita en templos hechos de manos.

Qué interesante es darse cuenta de que, a pesar de que estamos hablando de una sociedad pagana, la religiosidad era un aspecto innegable entre ellos. El ser humano es sin duda un ser religioso, es decir, tiene la necesidad de adorar y reverenciar algo y, en ausencia del verdadero conocimiento de Dios, termina adorando cualquier cosa, hasta a sí mismo. Y eso fue exactamente lo que pasó en el lugar por el que pasó el apóstol.

Los atenienses alardeaban su politeísmo. La revelación recibida a través de la razón contaminada y deteriorada por el pecado se convierte en idolatría. Retorcieron la revelación encontrada en la naturaleza y pervirtieron la verdad de Dios. Sin embargo, esto demuestra que, de una manera u otra, fueron afectados por la revelación general, lo cual evidencia que nadie está exento de la rendición de cuentas a Dios con la excusa de no saber que existía. ¿Y cómo no? La naturaleza revela quién es Él, aunque corrompamos esta revelación y pervirtamos Su verdad.

La revelación general (naturaleza) es suficiente para anunciar a los hombres la existencia de Dios, pero con respecto a la salvación de los hombres, las Escrituras, que son una forma de revelación especial por medio de la iluminación del Espíritu Santo, también son necesarias. Y justamente por eso llegaron hasta nosotros. Jesús, nuestro Salvador, es el centro de toda la Biblia. Pero no siempre fue así. El ser humano no siempre necesitó una revelación especial redentora. La invasión del pecado en la humanidad a través de la caída de Adán y Eva fue algo determinante en el curso de la historia y en la forma en que el hombre comenzó a ver a Dios.

Antes de la caída, no era necesaria una revelación especial redentora, porque los actos y palabras de Dios eran indivisibles, el hombre disfrutaba de una comunión perfecta con Dios y no había pecado. Pero después de que pecaron, Adán y Eva se escondieron de Dios y trataron de evitarlo. Antes, el hombre era el objetivo de la bondad de Dios, pero no de su gracia, pues no era necesario.

La revelación especial antes de la caída se hizo para la relación del ser humano con Dios y, después de la caída, para la salvación. Antes de la caída, la revelación especial estaba: 1) en la Revelación verbal, cuando Dios decreta la creación del mundo y llama a Adán y Eva a un pacto de acciones; 2) en la revelación simbólica, a través del mismo jardín del Edén, que era un símbolo de comunión con Dios, del árbol de la vida, que era un símbolo de la vida eterna, y del árbol del conocimiento del bien y del mal; y 3) en la teofanía, cuando Dios se manifestó al hombre.

Antes de la caída, este tipo de revelación era pre-redentora, es decir, no fue el pecado lo que llevó a Dios a revelarse a sí mismo. Ya se revelaba de una manera especial. Pero fue después de la caída que la revelación se convirtió en un obstáculo para el ser humano. A pesar de esto, Dios continuó revelándose. La revelación especial ganó un carácter redentor, y el concepto de gracia luego entró en la historia de la humanidad. Sólo a través de las Escrituras, con la iluminación del Espíritu Santo, podemos tener un verdadero conocimiento de Dios y su obra de redención; y esta revelación es infalible, innegable y suficiente en sus propósitos. La fuente de revelación especial es la Biblia, aunque no es la única manera especial, por la cual Dios se reveló a sí mismo. La Biblia es lo que tenemos a nuestro alcance hoy y ella contiene el registro inspirado de la revelación de Dios. La revelación está en las Escrituras. Tanto la revelación general como la revelación especial son de Dios, que es tanto el objeto como el sujeto de la revelación.

Parte 3: Puedes estar preguntándote: "¿Pero por qué debería confiar en estos escritos si fueron hechos por manos humanas? ¿Cómo estamos completamente seguros de que no hubo errores en el camino o que los textos no fueron manipulados por sus escritores?"

Estas son preguntas millonarias para las que hay argumentos sólidos.

No es de extrañar que hagamos preguntas sobre varios temas, religiosos o no. La racionalidad nos fue dada y, por eso, es de esperar que pensemos y cuestionemos varias cosas. Creer también es pensar, dijo el teólogo John Stott. Pero vayamos por partes. En primer lugar, me gustaría recordarte que todas las Escrituras, no sólo una parte de ellas, fueron inspiradas por Dios. El teólogo Clark H. Pinnock dice:

> Todas las Escrituras fueron inspiradas en Dios y son la Palabra de Dios escrita al hombre, infalible e inerte, de la forma en que ocurrieron originalmente. La inspiración divina es plena, verbal y confluente. Dado que es la Palabra misma de Dios, la Escritura tiene autoridad, suficiencia, claridad y eficacia. El propósito principal de las Escrituras es presentar a Cristo.

No hay niveles de inspiración en la Biblia: toda la Biblia fue dada por Dios, y las Escrituras son las inspiradas, no sus autores humanos. Las personas que escribieron los libros de la Biblia estaban, sin la más mínima duda, bajo la acción y la dirección del Espíritu, pero no estaban inconscientes ni en algún tipo de trance. La Biblia es en sí la Palabra de Dios y no sólo un registro de ella. Lo que dice la Biblia es lo que dice el Señor. Sin embargo, el hecho de que la Biblia sea la Palabra de Dios no significa que no pueda ser malinterpretada o compleja en ciertos temas. Además, el hecho de que haya sido inspirada por Dios no quita las posibilidades de ser distorsionada y vilipendiada.

Vayamos al primer argumento que me hace creer que la Biblia es la Palabra de Dios desde el Génesis al Apocalipsis y que por haber sido hecha por manos humanas no la hace menos divina: debido a Jesucristo y su resurrección. O Jesús era quien él decía ser, o era un excelente mentiroso o un lunático. Sólo hay esas tres posibilidades. Sin embargo, la gran pregunta es: ¿Cómo sostener una mentira durante más de dos mil años?

Nunca nadie, en la historia del cristianismo, ha sido capaz de refutar la resurrección de Jesús de manera irrefutable. Hay muchos que se oponen a este hecho, pero que no han sido capaces de probar plenamente su tesis. Así que, si Jesús realmente se levantó entre los muertos, como creo que lo hizo, Él es realmente quien dijo ser. Y porque Jesús creyó en la Biblia, yo también.

Como ya vimos, Jesús consideró el Antiguo Testamento como la Palabra de Dios y lo dijo varias veces durante sus discursos. Sobre el Nuevo Testamento, no tengo ninguna razón para no creer en él, teniendo en cuenta que es la autoridad de Jesús la que está sobre todo el canon del Nuevo Testamento. Toda creencia, espiritual o no, implica suposiciones.

Si le preguntamos a un científico por qué cree en la ciencia, utilizará argumentos científicos para responder a la pregunta. Es decir, sus argumentos son suposiciones que lo llevan a creer lo que él cree. Lo mismo sucede con la Biblia. Si alguien me pregunta por qué creo en la Biblia, mi presuposición será mi fe, lo que a su vez me lleva a creer en la existencia de Dios. Partimos de la premisa de que la Biblia es la Palabra de Dios y, debido a que es la Palabra de Dios, todo lo que informa es verdadero.

No creo porque conozco a Dios. Al contrario, conozco a Dios porque creo. Sin fe es imposible complacer a Dios, y por lo tanto sin fe es imposible conocerlo. ¿Y se puede probar a Dios? No. Dios se revela a sí mismo y, por lo tanto, se da a conocer entre los seres humanos. Pero no sabemos todo acerca de Él porque si Él estuviera en nuestras mentes, sería finito y limitado y por lo tanto no podría ser nuestro Dios, ya que uno de los atributos de Dios es su infinitud.

Otro fuerte argumento sobre el origen divino de la Biblia está en las profecías que se cumplieron con Jesús. La profecía reportada en Isaías 9:1,2 se cumplió perfectamente con Jesús, que ejerció su ministerio principalmente en la región de Galilea junto al río Jordán. La profecía que aparece en Salmos 78:2 describe exactamente cómo Jesús enseñaba: a través de parábolas. ¿Y qué tal la entrada triunfal de Jesús en Jerusalén, que se informa claramente en Zacarías 9:9?

Cuando Jesús fue arrestado, permaneció en silencio, sin cuestionar las acusaciones que sus enemigos hicieron para poder condenarlo, y esto fue predicho por Isaías y registrado en su libro en el capítulo 53, versículo 7. El Salmo 22:16 predecía que Jesús tendría sus pies y manos perforados, y así sucedió.

Las vestiduras de Jesús fueron divididas, y fue dejado a la suerte para ver quién tomaría su túnica, lo cual también fue predicho en Salmos 22:18.

Cuando Jesús estaba en la cruz, alguien le dio hiel y vinagre para beber, como predijo el Salmo 69:21. Cuando se burlaron de Jesús en la cruz, se cumplió otra profecía, la del Salmo 22:7,8. Diversos profetas del Antiguo Testamento hicieron varias profecías con respecto al nacimiento, el ministerio, la traición, el juicio, la muerte y el sepultamiento de Cristo, y fueron hechas en diferentes momentos, en un intervalo de quinientos años, entre 1000 y 500 a.C. Todas estas profecías se cumplieron perfectamente con Jesús.

A parte de ellas, no puedo dejar de enumerar las diversas profecías del Nuevo Testamento que se han cumplido a lo largo de los siglos: desastres naturales, guerras, pestilencias, enfriamiento del amor y apostasía, entre otros. La Biblia puede ser considerada más actual que el periódico de mañana. Expone la verdad de los hechos de una manera que sólo ella es capaz de hacer. Más de seiscientas profecías bíblicas se han cumplido sin lugar a duda, lo que valida objetivamente la sobrenaturalidad de las Escrituras.

Con respecto al hecho de que Dios utilizó a los hombres para registrar su revelación verbal, sería honesto y razonable considerar que cualquier ser humano en su condición humana y falible nunca sería capaz de escribir un libro sin contradicciones — quién dirá cuarenta autores de diversas esferas de la vida, desde reyes hasta pescadores, en tiempos completamente diferentes, a lo largo de 1.500 años o más, y teniendo en cuenta que muchos ni siquiera se conocieron. Ningún ser humano sería capaz de producir una combinación de libros tan bien elaborada a lo largo de quince siglos. No debemos olvidar también la forma milagrosa en que se conservaron los manuscritos para que no se perdieran.

Cuando fui a Israel, visité el Museo de Israel, que se encuentra en la ciudad de Jerusalén, y allí tuve la oportunidad de hablar por mucho tiempo con un judío mesiánico y gran conocedor de la historia. Él me contó de las copias de los libros del Antiguo Testamento encontrados en la región del Mar Muerto, también conocidos como manuscritos del Mar Muerto, que contienen todos los libros del Antiguo Testamento excepto Ester, que datan de un período anterior a Cristo y que sobrevivieron al tiempo. ¿Cómo explicar este hecho? Por eso, insisto en defender que un análisis justo y cuidadoso de las Escrituras sería suficiente para llevarnos a creer que sí, sólo puede ser la obra de Dios.

La Biblia no contradice la ciencia; al contrario, aporta precisión científica. Recordemos que la ciencia no existe por sí sola; fue creada por Dios, que existía antes de todas las cosas. Si la Biblia no hubiera sido divinamente inspirada, ¿cómo los hombres comunes y corrientes, desprovistos de tecnología científica, habrían registrado hechos que ahora son probados por la ciencia? Entre muchos otros versículos, citamos:

- Isaías 40:22 — la forma redonda de la Tierra;
- Isaías 55:9 — la proporción entre el cielo y la tierra;
- 2Pedro 3:7 — la ley de conservación de masa y energía;
- Eclesiastés 1:7 — el ciclo del agua;
- Jeremías 33:22 — la inmensidad de las estrellas;

La Biblia **no contradice** la ciencia; al contrario, **aporta precisión** científica. Recordemos que la ciencia no existe por sí sola; fue creada por Dios, que **existía antes** de todas las cosas.

- Salmo 102:25,26 — relato perfecto de la ley de la entropía;
- Levítico 17:11 — la importancia de la sangre para la vida;
- Eclesiastés 1:6 — circulación atmosférica;
- Job 26:7 — el campo gravitacional.

Por supuesto que el lenguaje utilizado en estos textos no tiene el formato científico que conocemos hoy en día; sin embargo, la propuesta científica contenida en cada uno de estos informes es irrefutable. Tal vez sea algo fantástico para la mente humana imaginar Mar Rojo abriéndose, a Noé construyendo un arca gigantesca, a Jesús caminando sobre las aguas y levantándose de entre los muertos, a la tierra temblando para que las puertas de la cárcel donde Pablo y Silas fueron retenidos se abrieran, entre tantos otros acontecimientos sobrenaturales que leemos en la Biblia. Tal vez sea más fácil acomodar nuestra mente en su zona de confort o incluso aprisionarla en una jaula epistemológica.

También podemos rendirnos a la idea de que la duda universal y permanente es un resultado normal de la inteligencia humana, y que por eso podemos desconfiar de la infalibilidad y la inspiración de las Escrituras. Pero si miramos el cosmos y todo lo que hay en él, nos daremos cuenta de que hay una voz que grita en silencio en medio de la creación, en la forma en que las estrellas se sostienen en el firmamento sin caer sobre nuestras cabezas, en la forma en que la luna mueve las mareas y la vida de nuestro planeta, y de la forma sobrenatural en que un bebé es engendrado en el vientre de una mujer. Hay una inteligencia inconmensurable detrás de esto, y es legítimo considerar que, si Dios creó todo el universo en sólo seis días, usar perfectamente a los hombres para registrar su revelación no sería difícil para Él.

Por eso, concluyo este capítulo con la siguiente reflexión: si la influencia humana interfirió negativamente en el origen divino de la Biblia, Jesús no podría haber encarnado sin ningún pecado, ya que encarnó como un hombre. Por lo tanto, es totalmente plausible que la providencia de Dios intervenga sobrenaturalmente en el curso de la historia, sin ningún error.

CAPÍTULO 3

LOS EVANGELIOS

¿Qué son? ¿Para qué sirven? ¿Para quién fueron escritos? Estas son preguntas que muchos de nosotros hacemos; después de todo, estas respuestas no siempre son tan claras. Y es exactamente por eso que Dios nos alienta a estudiar y profundizar en su Palabra para que comprendamos el plan que Él nos ha revelado a través de las Escrituras. No hay otra manera de estar claro y comprender la obra de Dios y la persona de Jesús sin examinar constantemente las Escrituras.

Para entender la importancia del Evangelio hoy, que es el foco de este libro, es indispensable conocer los Evangelios, por lo que animo a mi querido lector a leerlos en las Sagradas Escrituras con perseverancia y compromiso. Ninguna obra literaria puede o debe reemplazar las Escrituras. Siempre deben estar primero en nuestra vida sobre cualquier otro libro, porque la Biblia no es cualquier libro, es la boca de Dios.

Antes de profundizar en los Evangelios que abren el Nuevo Testamento, me gustaría mostrar rápidamente un panorama general utilizando el Antiguo Testamento como telón de fondo para la historia que nos lleva a la llegada de Cristo.

El Antiguo Testamento termina con el profeta Malaquías, aproximadamente 430 a. C. Malaquías formó parte de la segunda generación de hebreos que regresaron del cautiverio babilónico iniciado en 586.C. y que duró setenta años hasta 516 a.C. cuando el pueblo de Dios regresó a su tierra.

En ese momento, el imperio medo-persa gobernaba el mundo, que después sería conquistado por otro — el imperio greco-macedonio, dirigido por Alejandro Magno, que logró difundir la cultura griega por todo el mundo. Después de la muerte temprana de Alejandro Magno, a la edad de 33 años, por falta de herederos, su territorio se dividió en cuatro áreas, que fueron gobernadas por cuatro generales.

En cierto momento, hubo un intento de imponer la cultura helénica y la religión politeísta de Grecia en ciertas regiones, y el templo de Jerusalén fue profanado, hasta el punto de sacrificar un cerdo (que es considerado un animal inmundo por los judíos) en el altar del templo. Esto provocó una revuelta conocida como la Revuelta de los Macabeos. Judas Macabeo lideró varias batallas y triunfó sobre el enemigo; entonces este territorio se volvió independiente, y los Macabeos llegaron a gobernar esta región.

Sin embargo, en el año 63 a.C. un romano llamado Pompeyo dominó la región, comenzando el gobierno de los romanos en Palestina, con régimen de Antípatro, padre de Herodes el Grande. Después de la muerte de su padre, Herodes tomó el control del gobierno. Tenía una personalidad polémica y siempre desconfiaba de todo y de todos, un hecho que lo llevó a casarse varias veces y matar a varias personas, incluyendo esposa e hijos, de manera truculenta. Herodes el Grande tenía delirios de grandeza, por lo que mandó construir palacios y templos en Jerusalén.

Tuve la oportunidad de conocer las ruinas de la fortaleza de Masada, construida por orden de Herodes en medio del desierto cerca del Mar Muerto, cuya complejidad, belleza y arquitectura son capaces de dejar a cualquier ingeniero deslumbrado. También tuve el gran privilegio de ver la gran maqueta que está en el Museo de Jerusalén, que ilustra realista y perfectamente la ciudad de Jerusalén en los tiempos de Jesús, incluyendo, por supuesto, el templo construido por Herodes.

Herodes el Grande también construyó el puerto de Cesarea, un palacio en Cesarea Marítima sobre el agua de mar, desafiando la física y los recursos arquitectónicos de la época, entre otras grandes obras. Este hombre gobernaba toda la región de Judea como rey de los judíos en la época que Jesús nació en Belén. Al enterarse de que el rey prometido a los judíos había nacido, Herodes el Grande enloqueció y ordenó la muerte de todos los niños varones de hasta 2 años en un intento de exterminar a Jesús. Un ángel de Dios se le apareció entonces a José y les mandó huir con Jesús a Egipto y permanecer allí hasta la muerte de Herodes. Al morir Herodes el Grande en el año 4 a.C. su dominio se dividió entre sus cuatro hijos. Cabe destacar que el gobierno de Herodes fue establecido por los romanos, y no por los judíos. Con esto, llegamos a la conclusión de que el territorio de Palestina, mientras se terminaba el Antiguo Testamento bajo el dominio griego, está ahora bajo el gobierno de otro pueblo, los romanos. Es con este trasfondo que comienza la historia narrada por los Evangelios acerca de la Palabra que encarnó y vivió entre nosotros.

En este capítulo sólo expondré brevemente el enfoque y el propósito de cada uno de los Evangelios. Los Evangelios son libros preciosos. Los apóstoles tuvieron una apreciación tan grande de la importancia vital del Evangelio, la buena noticia de Cristo, que el apóstol Pablo les dijo a los gálatas que el Evangelio nunca podría ser pervertido, y "aun si nosotros o un ángel del cielo os anunciare otro evangelio del que os hemos anunciado, sea anatema" (Gálatas 1:7-9).

La dedicación y el compromiso con el Evangelio, y su proclamación continua, fueron considerados por Jesús actitudes aún más importantes que la propia vida de la persona. El apóstol Pablo tenía eso en mente, por lo que fue un gran líder y predicador del Evangelio, incluso cuando fue encarcelado. Sabía que era esencial predicar fielmente el Evangelio (Marcos 8:35; 1Corintios 9:16; 2Timoteo 1:8). La aceptación del Evangelio y la obediencia a él llevan a la salvación, mientras que el rechazo y la desobediencia llevan a la destrucción (1Pedro 4:5, 6, 17; 2Tesalonicenses 1:6-8).

Es precisamente por esta razón que somos mandados a predicar el Evangelio a todas las naciones, porque es el poder de Dios para la salvación de todos los que creen. En vista de eso, nuestra motivación para predicar el Evangelio debe ser siempre pura, y debemos proclamarlo con coraje y con todo nuestro corazón por amor a quienes lo escuchan.

A diferencia de lo que muchos piensan, no hay dos religiones diferentes o competidoras en el Antiguo y Nuevo Testamento. La Biblia y su mensaje son unívocos. Todo lo que leemos en el Antiguo Testamento es una especie de sombra del Nuevo Testamento. Todos los hechos narrados en ese momento ya señalaban a Jesús. Jesús existió antes de todas las cosas, porque Él es Dios en esencia.

Vemos en Génesis 1:2-4 que el Espíritu Santo andaba sobre las aguas cuando Dios dijo "Sea la luz", y ya que la luz era buena fue separada de las tinieblas. Jesús es la luz del mundo (Juan 8:12). La Trinidad existía antes de todas las cosas. Dios ya estaba en una relación perfecta consigo mismo a través de las tres personas de la Trinidad, que son tres partes de la misma esencia.

Es difícil para nosotros entenderlo porque tenemos la noción de "seres" como "individuos" y lógicamente no podemos imaginar a tres personas con la misma esencia y naturaleza. Y exactamente así es la Trinidad, como nos dicen las Escrituras. Jesús siempre ha estado presente a lo largo de la historia, porque después de todo, Él y el Padre una cosa son (Juan 10:30). Así que no podemos asumir que Jesús apareció de la nada en el Nuevo Testamento o como parte de un "nuevo" plan de Dios.

Dios es omnisciente, y sería totalmente controvertido y equivocado pensar que, hasta antes del pecado de Adán y Eva, Él no tenía listo el plan de redención. Hay cientos de profecías acerca de Jesús, así como hay prefiguraciones de Jesús en el Antiguo Testamento. Isaías era considerado un profeta mesiánico porque profetizó más que cualquier otro profeta la llegada de Jesús. Jesús fue prefigurado varias veces en el Antiguo Testamento, ya sea en la provisión del cordero para sacrificar en lugar de Isaac en el monte Moriah, o en Melquisedec (rey de Salem), o en José, o en el cordero pascual, entre muchos otros. Dios ha utilizado varias figuras a lo largo de la historia para enseñarnos con más claridad las verdades de la fe.

A través de estos símbolos, Dios distribuyó a lo largo del Antiguo Testamento signos de lo que ocurriría con la llegada de Jesús el Mesías. Dicho esto, podemos recordar y estar seguros de que es Dios quien gobierna la historia y que es Él quien nos salva, no nuestra propia sabiduría. Todas las prefiguraciones de Jesús en el Antiguo Testamento deben interpretarse esencialmente con el Nuevo Testamento; de lo contrario, nuestra interpretación de la historia será equivocada.

La palabra "evangelio" proviene de la palabra griega εὐαγγέλιον (*euangélion*) y significa buenas nuevas, es decir, los Evangelios traen las buenas nuevas sobre Jesucristo. En el Nuevo Testamento, los conceptos englobados en esta palabra incluyen la buena nueva de la salvación, la predicación de esta buena nueva, la buena nueva del reino de Dios, la declaración de buenas nuevas, la buena nueva de Cristo, etc. No nos queda ninguna duda sobre la verdad y fiabilidad de los Evangelios, teniendo en cuenta que forman parte del canon bíblico, y como vimos en el capítulo anterior, el canon completo de la Biblia es digno de toda nuestra confianza.

En el Nuevo Testamento, hay cuatro Evangelios: Mateo, Marcos, Lucas y Juan. Cada evangelista se centró en un aspecto del ministerio y la vida de Jesús. Los tres primeros Evangelios son llamados de "sinópticos", proveniente de la palabra griega *synoptikós*, lo cual significa que apuntan en la misma dirección. Sólo el evangelio de Juan no es sinóptico, porque contiene mucha información que no se encuentra en los otros Evangelios. Sin embargo, no se contradice con los otros Evangelios.

El evangelio de Juan, en cierto sentido, puede ser considerado más teológico que el resto, dada la complejidad y profundidad de su lectura. Al leerlos en conjunto, los Evangelios sinópticos nos dan una visión completa y panorámica de las acciones de Jesús. Y esta visión se vuelve aún más completa y panorámica cuando los cuatro Evangelios se leen y analizan juntos.

Mateo escribió aproximadamente antes del año 70 d.C. para probar que Jesús era el Mesías de los judíos. A parte de que Mateo fue quien más citó el Antiguo Testamento, pues en él encontramos sesenta referencias veterotestamentarias. Su mayor objetivo era demostrar que el Jesús histórico era el mesías de Dios. Mateo comienza su narrativa citando la genealogía de Jesús y trazando un vínculo entre él y Abraham y David; después de todo, su preocupación era presentar a Jesús como Rey de los Judíos, y en este caso la genealogía era indispensable. Mateo no reivindica la autoría de su Evangelio en el cuerpo del texto, pero la autoría se le atribuye por acuerdo y convicción de muchos eruditos y padres de la iglesia.

Marcos, que no era apóstol, escribió su Evangelio aproximadamente en el año 64 d.C., basándose en el relato del apóstol Pedro, y dirigió su discurso a los romanos, que se preocupaban demasiado con el poder. El objetivo de Marcos es probar que Jesús era el Siervo que tenía poder. Es él quien más registra las acciones de Jesús: pocos discursos y mucha obra, exactamente lo que vemos en el Evangelio de Marcos. Marcos no aborda cuestiones genealógicas, ya que un Siervo no necesita exponer su genealogía.

Lucas en su prefacio define claramente para quién escribía su Evangelio alrededor del año 60 d.C.: para Teófilo. Esto obviamente no significa que sólo él debía leer el libro de Lucas, porque era un libro abierto a todos, tal como lo es en nuestros días.

Teófilo era griego, así que el evangelio de Lucas fue dirigido a los griegos. El objetivo era demostrar que Jesús era el Hombre perfecto, y por eso Lucas relata la acción del Espíritu Santo en la vida de Jesús y su vida de oración.

El evangelio de Lucas puede ser considerado el más universal con respecto a la salvación porque enfatiza lo mucho que Jesús se preocupa por los hombres, las mujeres, los niños, los gentiles. Y es precisamente por esta razón que Lucas une a Jesús no sólo a Abraham y David, sino a Adán, para que su origen sea aún más amplio, a punto de presentarlo como el Salvador de todas las naciones, y no sólo de la nación judía.

El evangelio de Juan, que fue el último en ser escrito, aproximadamente entre 80 y 96 d.C., no pretende narrar el ministerio de Jesús como los otros tres Evangelios. Al menos la mitad del Evangelio de Juan se centra exclusivamente en la última semana del ministerio de Jesús. El lenguaje utilizado en este Evangelio no es sencillo; por el contrario, el lenguaje utilizado por Juan es bastante complicado, principalmente para describir los discursos de Jesús. ¡El objetivo principal es demostrar que Jesús es Dios! Juan no cita la genealogía de Jesús en su Evangelio justamente por eso, si Jesús es Dios, no hay necesidad de mostrar sus orígenes, porque Dios no es creado y por lo tanto no tiene genealogía. Mateo, el ex recaudador de impuestos, y Juan fueron apóstoles de Cristo. Marcos (cuyo nombre era Juan Marcos) era compañero de Bernabé y Pablo cuando era joven, y más tarde se convirtió en el ayudante de Pedro, tanto que el evangelio de Marcos se basa en el relato de Pedro. Lucas era médico e historiador; fue compañero de Pablo y lo oyó predicar la Palabra de un extremo a otro del Imperio Romano. Las fuentes probables de Lucas fueron los Evangelios de Mateo y Marcos, así como conversaciones con los apóstoles, que eran testigos vivos y oculares de las obras de Jesús.

Lucas era un hombre alfabetizado, y aunque no era judío, se convirtió en Cristo. Su griego se acerca mucho a un idioma clásico, pasando lejos de la lengua popular. Su inteligencia y coherencia son ampliamente notables en sus escritos. Es interesante mencionar que el evangelio de Lucas fue escrito en la década de 60 d.C., antes de la caída de Jerusalén, y en él encontramos profecías detalladas sobre la caída que realmente se cumplieron.

En el evangelio de Lucas, leemos:

> Puesto que ya muchos han tratado de poner en orden la historia de las cosas que entre nosotros han sido ciertísimas, tal como nos lo enseñaron los que desde el principio lo vieron con sus ojos, y fueron ministros de la palabra, me ha parecido también a mí, después de haber investigado con diligencia todas las cosas desde su origen, escribírtelas por orden, oh excelentísimo Teófilo, para que conozcas bien la verdad de las cosas en las cuales has sido instruido. (Lucas 1:1-4).

Estas declaraciones de Lucas dejan claro que fueron producidas muchas literaturas con respecto a la vida y las obras de Jesús en ese momento. De hecho, vale la pena mencionar que nunca se hizo tanta literatura como en ese momento. Jesús causó una gran revolución en la literatura. Sin embargo, los relatos de Lucas se basaron en las narrativas de los testigos

El **Evangelio** es un tipo de literatura que sólo se puede encontrar en las Escrituras. [...] no puede considerarse una biografía de Jesús, porque no narra toda la vida de Jesús, desde su nacimiento hasta su muerte. [...] Ellos cuentan algunos **hechos seleccionados** sobre la **vida** y **ministerio** de Jesús.

oculares, como él mismo declaró. Esas personas todavía estaban vivas y habían sido testigos de las cosas que Lucas escribió. Lucas afirma que todo lo que Jesús había hecho y dicho se creía con total convicción. Además, Lucas afirma haber llevado a cabo una cuidadosa investigación, a través de la cual surgieron pruebas relevantes y confirmaciones de lo que estaba a punto de contarle a Teófilo para confirmar su fe.

El Evangelio es un tipo de literatura que sólo se puede encontrar en las Escrituras y en ninguna otra fuente. Algunos evangelios falsos llegaron a ser producidos y fueron rechazados por la iglesia, y por eso nunca entraron en el canon bíblico. El Evangelio no puede considerarse una biografía de Jesús, porque no cuenta toda la vida de Jesús, desde su nacimiento hasta su muerte. Brevemente, los Evangelios cuentan algunos hechos seleccionados acerca de la vida y el ministerio de Jesús.

Considerando todas estas observaciones, llegamos a la conclusión de que no hay razón para dudar de los Evangelios. Sin la acción sobrenatural del Espíritu Santo de Dios, no sería humanamente posible que tres autores (Mateo, Marcos y Lucas) escribieran, en diferentes fechas, tres Evangelios, sin ninguna contradicción entre sí, con una riqueza en detalles semejantes y con relatos basados en testigos oculares. El evangelio de Juan es la obra literaria más importante de la historia.

Ninguna escritura del griego clásico llega a los pies de los escritos bíblicos del Nuevo Testamento, y diferente a lo que muchos piensan, el Evangelio es racional y puede considerarse una ciencia exacta por su carácter innegable, infalible y libre de contradicciones. No hay explicaciones razonables desde el punto de vista humano para el sentimiento que tenemos cuando leemos la Biblia, porque en realidad no somos nosotros los que la leemos; es ella la que nos lee. Estoy segura de que es más difícil y desafiante no creer que creer. Jesús en los Evangelios es la culminación de la revelación de Dios, y Él es para hoy, nunca podemos dejarlo para mañana.

CAPÍTULO 4

REHENES EN LA
CASA DEL VALIENTE

Nadie puede saquear las alhajas del valiente entrando en su casa, si antes no atare al valiente y entonces saqueará su casa. (Marcos 3.27)

Al leer en el capítulo 1 de Marcos, poco después de proclamar la llegada del reino de Dios, Jesús hace maravillas. Él llama a Simón Pedro y Andrés para que lo sigan, enseña con una autoridad nunca vista, expulsa demonios y sana a los enfermos. Aunque muchos se sorprendieron por las acciones de Jesús, no todos se alegraban por ello.

En el capítulo 3 del Evangelio de Marcos, observamos que tanto la obra como el carácter de Cristo son cuestionados por los religiosos de la época e incluso por su familia. Los escribas desafían la fuente de la autoridad de Jesús, atribuyéndola a Satanás, el más grande de los demonios. Los religiosos acusan a Jesús de expulsar demonios por el poder y la autoridad del propio demonio, como si eso fuera posible. En respuesta, Jesús les pregunta: ¿Cómo puede Satanás expulsar a Satanás?, es decir, si Él estuviera bajo la autoridad del príncipe de los demonios, ¿cómo podría actuar contra el mismísimo diablo?

La respuesta me parece muy obvia. Después de todo, las batallas de Jesús contra el imperio de las tinieblas a lo largo de su ministerio invalidan por completo la acusación de que Él estaría con Satanás. Además, "si un reino está dividido contra sí mismo, tal reino no puede permanecer" (Marcos 3:24). La batalla no era entre demonios, sino entre dos reinos: el de Dios y el de la oscuridad. Jesús entonces continúa su respuesta en forma de parábola y señala que "nadie puede saquear las alhajas del valiente entrando en su casa, si antes no atare al valiente y entonces saqueará su casa" (Marcos 3:27). Y en esta declaración encontramos la clave de muchos temas: Jesús dice que vino a atar al valiente (Satanás) para que Él mismo, como el más valiente (cf. Mc 3:27), pudiera "saquear" los bienes de la casa de Satanás.

Poco después, en Marcos 3:28, Jesús dice que todos los pecados y blasfemias de los hombres serán perdonados (porque Él tiene la autoridad para hacerlo), y esto nos lleva a concluir que el perdón es un resultado inmediato cuando Jesús ata al valiente. *Todos los pecados serán perdonados*, dice Jesús — no hay un solo pecado ni blasfemia que esté fuera del alcance del perdón de Jesús. El perdón de Jesús es total y sin restricciones.

Antes de discutir un poco más el tema central de este capítulo, creo que es necesario exponer algunas cosas fundamentales, que sirven como fondo para la historia humana y permiten entender lo que Jesús realmente quiso decir con "rehenes en la

... el **perdón** es el resultado inmediato de Jesús **atar al valiente**. Todos los pecados serán perdonados, dice Jesús — no hay un sólo pecado ni blasfemia, que esté fuera del alcance del perdón de Jesús. El perdón de Jesús es **total** y **sin restricciones**.

casa del valiente". Lo que Jesús dice en la parábola del valiente es muy específico: se refiere a una especie de asalto, y los bienes involucrados en este caso son las personas que están perdidas, o sea, bajo el poder y la autoridad de Satanás. ¿Y por qué estas personas están bajo el poder de Satanás?

Volvamos al comienzo, al libro del Génesis. Génesis significa "principio", y es en este libro donde encontramos el principio de la historia de la humanidad y el plan inicial de Dios para su creación. Dios creó el cielo y la tierra y todo lo que hay en ellos. Génesis 2 relata la creación del hombre a partir del polvo de la tierra, "alentó en su nariz soplo de vida y fue el hombre en alma viviente" (Génesis 2:7). El hombre entonces pasó a vivir en un lugar especial llamado Edén, donde Dios plantó un jardín con muchos árboles de los que el hombre cogía su comida, y que eran agradables a sus ojos. También había un cierto árbol, llamado en las Escrituras como el "árbol de la ciencia del bien y del mal".

Dios le dio una orientación clara al hombre: De todo árbol del huerto podría comer; mas del árbol de la ciencia del bien y del mal no comerá; porque el día que de él coma, ciertamente morirá (Génesis 2:16,17). Ese fue el pacto de obra que Dios hizo con la raza humana, con el primer hombre — Adán. Él no había sido creado para morir, sino para la vida eterna, y Dios le dio la capacidad de no pecar. Sin embargo, Adán no obedeció el mandato de Dios y rompió el pacto que se había firmado entre Dios y el hombre.

No es como si Dios le hubiera dejado pocas opciones a Adán: había muchos árboles en el jardín, de los cuales podía comer libremente. Sólo uno estaba prohibido. Pero eso no fue suficiente para la primera pareja. Ellos fallaron terriblemente y las Escrituras cuentan en Génesis 3 la mayor tragedia de la humanidad: la caída del hombre. Esta tragedia es atribuida por las Escrituras a Satanás, un ser caído y malvado. Su ingenio y astucia sirvieron para engañar a Eva, pues la serpiente le aseguró a ella que no morirían si comían el fruto de ese árbol; al contrario, se harían conocedores del bien y del mal. El padre de las mentiras los engañó fatalmente diciendo que ese fruto no los llevaría a la muerte, y de hecho Adán y Eva no murieron en aquel momento. Pero el resultado de su desobediencia fue trágico: el pecado, cuya consecuencia es la muerte misma, luego se convirtió en una realidad para la raza humana.

Entonces fueron abiertos los ojos de ambos, y vieron que estaban desnudos, lo que les causó vergüenza, y se escondieron de la presencia de Dios (Génesis 3:7,8). En este relato vemos exactamente lo que el pecado causa, más que la muerte: vergüenza y miedo, eso es exactamente lo que causa. Adán y Eva fueron expulsados de ese lugar de bendición, y las duras consecuencias del pecado comenzaron a aparecer con Caín, el primer asesino de la historia, que mató a su propio hermano por envidia (Génesis 4:8).

Es necesario entender que la historia bíblica no se divide en dos: el plan A y el plan B. Los planes de Dios siempre son asertivos, y nunca necesitó respaldos para corregir un error que nunca cometió ni cometerá. El plan de redención ya existía en Cristo Jesús incluso antes de la caída del hombre. Dios es eterno, omnisciente, soberano y perfecto, y Jesús siempre fue la solución de la humanidad incluso antes de que la humanidad "necesitara" una solución.

La Biblia tiene un lenguaje unívoco, es decir, homogéneo. No se divide en planes que funcionaron y los que no. Estar consciente de eso es esencial para la construcción de la cosmovisión que tratamos en este libro. El pacto de obras precedió al pacto de gracia sólo por cuestiones lógicas: antes, el hombre era el objetivo de la bondad de Dios nada más, y después de pecar, también se convirtió en el objetivo de su gracia redentora. Sin embargo, en ambos casos Dios sigue siendo bueno y misericordioso.

La gran diferencia es que, a partir de la caída, toda la historia comienza a anunciar la venida de Jesús, y absolutamente nadie fue salvo en el Antiguo Testamento por obra de la ley o por esfuerzo: todos los que fueron salvos fue por la fe. Por eso Abraham es llamado "nuestro padre" (Santiago 2:21), o sea, en la fe, porque él creía en Dios y su fe fue imputada a él como justicia (Génesis 15:6). Nuestra fe en Cristo nos es imputada como justicia, porque en Él y por medio de sus obras somos justificados.

El Antiguo Testamento sirve como preparación para la venida del Mesías, y la venida del más valiente (el Mesías) era necesaria para que el valiente (Satanás) fuera atado y su botín saqueado. Es a partir de la venida de Jesús que el reino de Dios se establece para avanzar contra las tinieblas en una batalla jurídica por la ley y la legitimidad.

La gran mayoría de la gente piensa en la caída de Satanás como su expulsión del cielo al principio de todo, todavía en el Génesis. Pero lo que aprendemos, al analizar las Escrituras profundamente, es que la caída de Satanás antes de Génesis 3 fue una *caída moral*, y no una expulsión literal, pues se le restringió el acceso al cielo. Leemos en el libro de Job que Satanás tenía acceso libre a Dios y se acercaba a Él sólo con un propósito:

acusar a los hombres de sus pecados y cobrar por sus consecuencias, como lo hizo con Job.

> Aconteció que otro día vinieron los hijos de Dios
> para presentarse delante de Jehová, y Satanás vino
> también entre ellos presentándose delante de Jehová.
> Y dijo Jehová a Satanás: ¿De dónde vienes?
> Respondió Satanás a Jehová, y dijo: De rodear
> la tierra, y de andar por ella. (Job 2:1,2)

Observen que en esos versículos que Satanás vino junto a los ángeles para presentarse a Dios, lo que nos lleva a entender que tuvo acceso al cielo, aunque ya no viviera en él. Después de todo, un ser maligno no puede compartir el mismo espacio que el Señor. Satanás vaga y camina por la tierra, como dice el libro de Job. Si a Satanás se le hubiera restringido el acceso al cielo, ¿cómo podría haberse presentado a Dios junto con los ángeles? A menudo el texto de Isaías 14:12, que representa la caída de una estrella del cielo, y el de Ezequiel 28 se utilizan en un contexto asociado a la caída de Satanás.

Aunque estos textos mencionan al Rey de Babilonia y al Rey de Tiro, utilizando simbologías para denotar la caída de esos reyes, también pueden considerarse como profecías de un evento futuro, que apunta a la expulsión de Satanás del cielo. A pesar de haber caído moralmente desde el principio, Satanás definitivamente no fue expulsado del cielo antes de que Cristo viniera. La venida del Mesías prometido por Dios es el acontecimiento definitivo que resultó en la expulsión *permanente de Satanás* del cielo.

La gran victoria escatológica de Jesús ocurrió con su primera venida, y su segunda venida será el momento de consumar la victoria ya ganada. Esta victoria ya ha producido, produce y seguirá produciendo efectos en la vida del pueblo de Dios. Cuando hablamos de escatología o "tiempos escatológicos", no sólo nos referimos a algo futuro, sino de algo que ya se ha inaugurado — hay un impulso renovador ocurriendo aquí y ahora.

Cuando Jesús dice en Marcos 1:15 que "el tiempo es cumplido, y el reino de Dios está cerca", hace hincapié en un tema presente y futuro. Aunque todos sabían que Dios ya reina, había otro sentido en el que el reino de Dios necesitaba ser establecido. Aunque toda la creación sea del reino de Dios y este reino tenga extensiones cósmicas, aquí nos referimos a las manifestaciones de este reino en la tierra, sobre la reconquista de una tierra que pertenece a Dios (Colosenses 1:13).

De forma más práctica podemos decir que en Jesucristo, el reino de Dios invadió la historia con el objetivo de recuperar un territorio que Satanás adquirió a través del pecado y la muerte. En este sentido, la presencia de Jesús es el reino de Dios, y este reino comenzó a principios del siglo I y será consumado en el regreso de Jesús, por el cual anhelamos y que será resplandeciente (Lucas 17:24).

La muerte y resurrección de Cristo significaron mucho, y la amplitud de sus resultados es sorprendente. Jesús vino no sólo a sacarnos de las tinieblas, sino a darnos vida y vida en abundancia. Vino para que no estuviéramos ansiosos, que no temiéramos, que no nos derrumbáramos y no viviéramos una vida carnal. Vino para que, incluso en esta vida, probáramos la paz que excede toda comprensión. Vino para que ya no tuviéramos sed espiritual. La gracia de Jesús es efectiva en sus propósitos.

Jesús es llamado en la Biblia del segundo Adán (el Adán perfecto), porque Dios encarnado como un hombre, creció como un hombre, vivió como un hombre, fue tentado como un hombre, sufrió como hombre y murió como hombre. Sin embargo, a diferencia del primer Adán en el Edén, Jesús no fracasó en absolutamente ningún área de su vida. A pesar de haber estado expuesto a la tentación, no falló en nada. Ningún otro hombre habría sido capaz de llevar a cabo las acciones de Jesús, y es exactamente por eso que su encarnación era necesaria, porque Él era el único que podía hacer todo lo que hizo.

Cristo se presentó como el mismo reino de Dios para hacer todas las cosas nuevas, y es precisamente por eso que Pablo dice en 2Corintios que, si uno está en Cristo, es una nueva criatura, porque Él hace todo nuevo — una novedad de la vida ya ha comenzado con la primera venida de Cristo a la tierra. En Adán conocemos la muerte, pero en Cristo tenemos acceso a la vida eterna. Como Dios sacó a su pueblo del cautiverio egipcio, babilónico, persa y muchos otros, Jesús nos saca del imperio oscuro con su muerte expiatoria.

En el libro de Levítico en el Antiguo Testamento vemos que Aarón, el sumo sacerdote, era responsable por tratar los problemas del pecado del pueblo de Israel; para ello, oraba sobre la cabeza de un chivo emisario, que era mandado a una tierra lejana, que simbolizaba el pecado del pueblo siendo llevado para lejos de Dios. De ahí viene la expresión "chivo expiatorio", es decir, el animal que asume los pecados. Este acto se repetía con frecuencia, porque la eliminación del pecado a través de este animal no era permanente. Jesús era el "chivo expiatorio" de Dios.

> Después hará un sorteo sagrado para determinar qué chivo será apartado como ofrenda para el Señor y cuál llevará los pecados del pueblo al desierto de Azazel. Después Aarón presentará como ofrenda por el pecado el chivo escogido por sorteo para el Señor. Al otro chivo, el chivo expiatorio, escogido por sorteo para ser enviado al desierto, lo mantendrán con vida delante del Señor. Cuando sea enviado a Azazel en el desierto, el pueblo será purificado y así serán justos ante el Señor. (Levítico 16:8-10; Nueva Traducción Viviente).

Como hemos visto, todo el Antiguo Testamento ya señalaba a Jesús, que prefiguraba en innumerables simbolismos y personajes. Y concedió al Señor reconciliar el mundo, inmerso en pecados, consigo mismo, a través del sacrificio perfecto ofrecido por el Sumo Sacerdote permanente — Jesucristo. Sin embargo, es importante recordar que había alguien que no estaba nada feliz con la obra vicaria de Cristo, y ese alguien es Satanás.

La encarnación de Jesús fue una declaración de guerra contra el infierno, y esta batalla tuvo lugar por derecho y legitimidad. El hecho de que los ángeles estuvieran involucrados en el anuncio del embarazo de María y el nacimiento de Jesús muestra cuán presente estaba el mundo espiritual en estos hechos. Jesús fue perseguido desde su nacimiento hasta su muerte, y esto demuestra lo amenazante que era su presencia para el enemigo, y en cierta forma, estaba consciente de ello.

Cuando decimos que la venida de Jesús implica una guerra por derecho y legitimidad, significa que Satanás ocupaba el puesto de acusador, y Jesús vino a echarlo de su trono. Permítanme explicar mejor: como hemos visto, cuando Adán y Eva pecaron, a Satanás se le dio legitimidad para exigir la muerte como consecuencia del pecado; después de todo, la primera pareja transgredió el pacto de obras. A partir de entonces, Satanás se convirtió en acusador, y el precio del pecado era la muerte. Como aprendimos en la historia de Job, Satanás tuvo libre acceso a Dios e hizo acusaciones de los pecados de los seres humanos, lo que no significa que el diablo fuera y sea un ser libre. Dios es soberano sobre todas las cosas, incluso sobre la oscuridad, pero a pesar de esto, Satanás todavía tenía derecho de cobrar, como acusador, el precio del pecado.

En términos legales, es como si el cielo fuera un tribunal, Dios nuestro juez, Satanás nuestro acusador y Jesús nuestro abogado. Muchas de las palabras utilizadas por las Escrituras al narrar la batalla de Jesús contra las tinieblas son términos legales, lo que nos demuestra que el desarrollo de esta lucha no favorece al "más fuerte", sino al que tiene más derecho. La venida de Jesús y su obra en la tierra resultan en la expulsión de Satanás de su lugar de acusador.

Todo lo que Jesús vivió y sufrió en la carne, como hombre, sin pecado y sin ninguna falla, le dio el derecho y la legitimidad para asumir solo, definitiva y completamente, el precio del pecado de la humanidad, clavando y cancelando en la cruz la deuda dirigida a cada uno de nosotros. En el momento en que Jesús se levanta de entre los muertos y sale de su sepulcro, despojó de todo al infierno, asesinando a la muerte. La muerte de Jesús mató a la muerte. A partir de entonces, Satanás ya no tiene una función como acusador, ya que ya no hay deudas: quien cree en el Evangelio y recibe a Jesús como su único Señor y Salvador, está justificado por su muerte expiatoria.

El precio del pecado ya fue pagado por el Hijo de Dios, y ya no hay legitimidad para imputar esta sanción a aquellos que fueron justificados por la obra vicaria de Cristo. Satanás entonces tiene anulados sus derechos de acusar a los hijos de Dios. El diablo pensó que estaba haciendo un excelente trato usando a Judas para entregar a Jesús a los romanos para que lo mataran en la cruz. De hecho, Satanás estaba sirviendo como una pieza importante en el cumplimiento de las profecías del Antiguo Testamento y en el plan de salvación de Dios, porque él proporcionó al Señor la muerte de su Hijo para que pudiéramos ser rescatados de las tinieblas y llevados de vuelta a su maravillosa luz.

Lo que para el diablo parecía ser la victoria del mal sobre el bien, era en verdad el triunfo definitivo del reino de Dios sobre el infierno. Sabemos, sin embargo, que los hijos de Dios todavía mueren en la carne, pero el espíritu recibe la vida eterna, ¡cuán gloriosa es esta verdad! La vergüenza de Cristo despojado en la cruz terminó el domingo, pero el reproche de Satanás y sus demonios será eterno. En Colosenses 2:13-15, leemos que no sólo el diablo fue juzgado y despojado en la cruz del Calvario, sino también todas sus huestes. La obra de Jesús fue completa. ¡Aleluya!

Probablemente ya oíste unas cuantas veces la frase "Jesús te ama". Pero probablemente no te pusiste a pensar en la inmensidad, profundidad y alcance de ese amor. No es un amor en el sentido humano, de alguien que se enamora, pero que al final pelea y se cansa. No es un amor de la boca para afuera o un amor pasajero, dependiendo de las circunstancias. No es un amor impaciente y con segundas intenciones. Es la forma más pura de amor que jamás conoceremos en todo el universo. Es un amor que llevó a Dios, el Todopoderoso, a salir de su gloria, a encarnarse como hombre, a sufrir como hombre, para que podamos reconciliarnos con Él y no sufrir la muerte eterna.

"Y estando en la condición de hombre, se humilló a sí mismo, haciéndose obediente hasta la muerte, y muerte de cruz" (Filipenses 2:8). Este es el mismo Jesús que, siendo el más valiente, entra en la casa del valiente y le quita sus bienes —¡por amor a nosotros! La muerte de Jesús en la cruz del Calvario fue el punto más alto de su extraordinaria obra de amor. Como vimos en este capítulo, la muerte de Cristo resultó no sólo en el perdón de los pecados, sino en la reconciliación de los seres humanos con Dios, permitiendo un nuevo camino de regreso al Padre, garantizando la vida eterna.

Con la muerte de Jesús, los que creen son adoptados en la familia de Dios y se convierten en herederos junto a Cristo. Jesús conquistó en la cruz la liberación legal de un acto de eliminación de la culpa y la esclavitud del pecado, para la cual era requerida la muerte. Como resultado, la muerte ya no encarcela por temor a los que han sido comprados por la sangre de Cristo.

En pocas palabras, la obra de Cristo y su ausencia total de pecado, incluso durante la tentación (cf. 1Pedro 2:22), le confirió el legítimo derecho de "atar al valiente" y "saquear la casa del valiente". Jesús no sólo saqueó por su poder divino, sino también por el derecho divino. La lucha de Jesús con Satanás y sus demonios era por la legitimidad, y era necesario que Él luchara solo y sin armas letales. Jesús fue callado a la cruz, así como una oveja es llevada al matadero. La decisión de esta lucha no se decidiría por puntos o fuerza, mas solamente por el cumplimiento de los requisitos legales, que incluye las profecías del Antiguo Testamento acerca de la venida de Jesús.

Jesús fue capturado porque la oscuridad, a través del pecado, había alcanzado la autoridad, y Satanás fue utilizado como instrumento principal para la muerte de Cristo (por medio de todos los involucrados en la captura, enjuiciamiento y muerte de Jesús). Pero fue la autoridad soberana de Dios la que decidió que Jesús debía ser sometido a la autoridad de las tinieblas (por eso fue dejado bajo la autoridad de Pilatos) para triunfar sobre ellos. El momento decisivo de la victoria de Dios sobre Satanás fue cuando Jesús declaró: *Tetelestai* [Está consumado]. La muerte de Cristo mató a la "serpiente" (una figura del lenguaje utilizada en referencia al diablo en el Antiguo Testamento), y ahora ya no tiene rivales. En el evangelio de Mateo, leemos:

> Y Jesús se acercó y les habló diciendo: Toda potestad me es dada en el cielo y en la tierra. Por tanto, id, y haced discípulos a todas las naciones, bautizándolos en el nombre del Padre, y del Hijo, y del Espíritu Santo; enseñándoles que guarden todas las cosas que os he mandado; y he aquí yo estoy con vosotros todos los días, hasta el fin del mundo. Amén. (Mateo 28:18-20).

Jesús, ya resucitado, se dirige a sus discípulos para declarar que con su muerte y resurrección toda autoridad había sido conferida nuevamente a Él y a partir de ese momento, debían pasar por las naciones proclamando el Evangelio, porque el diablo, que una vez había encarcelado a la humanidad en ceguera e ignorancia, ya había sido derrotado.

Entonces, se convirtió en derecho legítimo que las buenas nuevas del cielo se hicieran conocidas en todo el mundo a través de la conquista de Jesús en el Calvario. El valiente había sido atado, y su botín había sido saqueado por Jesús. Apocalipsis 12 relata lo que pensábamos que había ocurrido en Génesis, pero que realmente sucedió con la venida de Jesús:

> También apareció otra señal en el cielo: he aquí un gran dragón escarlata, que tenía siete cabezas y diez cuernos, y en sus cabezas siete diademas; y su cola arrastraba la tercera parte de las estrellas del cielo, y las arrojó sobre la tierra. Y el dragón se paró frente a la mujer que estaba para dar a luz, a fin de devorar a su hijo tan pronto como naciese. (Apocalipsis 12:3,4).

La visión que tuvo el apóstol Juan y que se informa en Apocalipsis 12 fue precisamente acerca de los efectos de la ascensión de Jesús al cielo. Satanás, descrito por el apóstol como "el dragón", no pudo impedir el nacimiento de Jesús y su obra redentora y sufrió sucesivas derrotas, como dice el libro del Apocalipsis. El Cordero de Dios triunfó sobre la muerte con su muerte y resurrección, obtuvo el derecho a salvar, tomó en su mano el libro de la vida (donde están escritos los nombres de todos los hijos de Dios que recibirán la vida eterna) y salió venciendo, para vencer con la predicación del Evangelio (Apocalipsis 6:1,2), porque toda la autoridad había sido dada a Él en el cielo y en la tierra (cf. Mateo 28:18).

Frente a todo esto, entendemos la urgencia y seriedad de la predicación del Evangelio, que es el poder de Dios para la salvación de todos los que creen. La fe viene al escuchar el mensaje de Dios, y por lo tanto la predicación de la Palabra es necesaria para que el ser humano, cuyo estado natural es la ceguera espiritual, despierte a una realidad, hasta ahora desconocida para él. Los efectos que produce la predicación del Evangelio son inconmensurables. Por eso, aunque Satanás y sus demonios están sujetos a la soberanía y autoridad de Dios, no dejan de atentar contra nuestra vida y a mantener en "cautiverio" a aquellos que rechazan la verdad de Dios.

Destaco que el diablo fue completamente destruido con relación a su puesto (como acusador), y no su existencia. Sigue existiendo y atrapando a muchos seres humanos en sus trampas sutiles y traicioneras — sigue siendo astuto, como la serpiente en el Edén. Y frente a estos hechos, no podemos dejar que nos engañen: Satanás no está inmóvil, pero sigue actuando, aunque con limitaciones, de manera cada vez más astuta y precisa. A pesar de haber perdido el derecho de acusar al pueblo de Dios y engañar a las naciones como lo hizo una vez, sigue engañando, mintiendo y extorsionando a muchos, y podemos notar esto claramente al observar el mundo en el que vivimos.

CAPÍTULO 5

¿LA MUERTE QUE ÉL MURIÓ VALE LA VIDA QUE TÚ VIVES?

Como agua he sido derramado; dislocados están todos mis huesos. Mi corazón se ha vuelto como cera, y se derrite en mis entrañas. Se ha secado mi vigor como una teja; la lengua se me pega al paladar. ¡Me has hundido en el polvo de la muerte! Como perros de presa, me han rodeado; me ha cercado una banda de malvados; me han traspasado las manos y los pies. Puedo contar todos mis huesos; con satisfacción perversa la gente se detiene a mirarme. Se reparten entre ellos mis vestidos y sobre mi ropa echan suertes. (Salmos 22:14-18)

Aunque Dios se complació en ejecutar el plan de redención en su Hijo (Isaías 53:10), la muerte de Jesús fue muy dolorosa. Antes de ser capturado, Jesús celebró la Pascua Judía con sus discípulos. Las Escrituras informan que en ese momento

Jesús estaba en la mesa con los Doce, y mientras cenaban, para sorpresa de los presentes, Jesús afirma que uno de ellos lo traicionaría. Estaba hablando de Judas Iscariotes, cuya traición ya había sido predicha por el profeta Zacarías en el Antiguo Testamento, más de quinientos años antes de la venida de Cristo. Es decir, también era necesario que esto sucediera, para que se cumpliera la profecía.

Sin embargo, aunque todo fue minucioso y previamente "programado" por Dios, el sufrimiento de Jesús como hombre no sólo era legítimo, sino también fáctico. Era 100% hombre y 100% Dios, y a pesar de que tenía los atributos de Dios al compartir la misma esencia que el Padre (Juan 10.30), estaba dotado de todos los sentimientos humanos. Esa noche debe haber sido terrible para Cristo. Sabía para dónde caminaba y sabía exactamente lo que estaba a punto de vivir. Su divinidad no aniquiló su humanidad, y Él vivió en la piel algo que ni yo ni tú podemos imaginar.

No sólo el hecho de sufrir la muerte en la cruz afligió a Jesús, sino que seguramente el hecho de ser traicionado por alguien que comió del mismo plato que Él también lo debe haber afligido. Además, Jesús sabía que estaba a punto de ser abandonado por sus queridas ovejas, como se predijo en el Antiguo Testamento: "Hiere al pastor, y serán dispersadas las ovejas" (Zacarías 13:7). Esto debe haber sido algo extremadamente perturbador para Jesús. Pedro, un discípulo tan cercano a Jesús, lo negaría esa noche. ¡Qué terrible sentimiento! Durante esa cena, Jesús ilustró lo que hasta el día de hoy nos sirve como recuerdo y signo externo de la obra de Cristo, que es la ruptura del pan y el compartir de la taza, que representan su cuerpo y sangre.

En esa cena, Jesús utilizó una simbología para enseñar a sus seguidores lo que su muerte significaría realmente.

Después de cantar un himno de alabanza, Jesús y los discípulos partieron al monte de los Olivos, y después de eso Jesús fue al jardín de Getsemaní, llevándose a Pedro, Santiago y Juan con él. La aflicción de Jesús era tan grande que entonces les dijo a los tres discípulos: "Mi alma está muy triste, hasta la muerte; quedaos aquí, y velad conmigo" (Mateo 26:38). ¿Será que alguna vez tú y yo llegamos a pasar por una situación que nos llevó a sentirnos "muy tristes, hasta la muerte"?

Recuerdo haber pasado por situaciones muy difíciles, como cuando mi marido fue hospitalizado en una condición delicada en 2018. Pero creo que una "tristeza mortal" es algo aún más doloroso e intenso que la preocupación, angustia e incertidumbre por lo que está por venir. Una "tristeza mortal", que significa la certeza de la muerte y, peor que eso, el conocimiento exacto de cómo será esta muerte, es algo que tú y yo nunca hemos vivido y nunca viviremos.

Jesús estaba tan afligido y angustiado que puso su rostro en el suelo del jardín y gritó pidiendo que Dios lo librara de esa situación, a pesar de que sabía plenamente que Su misión en la tierra era exactamente esa. En su desesperación y en medio de su dolor, le pidió al Padre que pasara de Él la copa de la muerte en la cruz. En la cruz, Él, siendo santo, fue hecho pecado; siendo bendito, se hizo maldición. En la cruz, Él solo bebió la copa de la ira de Dios. Fue herido por nuestras iniquidades. Fue del agrado del Padre acabarlo.

Por un momento, trata de ponerte en los zapatos de Jesús. Imagina que estás en el corredor de la muerte como sentencia de un crimen que no has cometido y cuya pena no puede ser reducida o perdonada. Estoy seguro de que esos minutos serían los peores de tu vida. Para Jesús fue así. Oró tres veces pidiéndole lo mismo a Dios Padre: "Pase de mí esta copa". El sudor de Jesús se convirtió en sangre que goteaba y se derramaba en la tierra.

Muchos piensan que este relato es metafórico, pero en realidad es fisiológico y verdadero. Esta afección, aunque extremadamente rara, es científicamente posible y se llama hematidrosis, y se produce ante una situación extrema de estrés físico y psicológico. Momentos después de que Jesús terminara su oración, les advirtió a los tres discípulos que el momento de la captura estaba cerca y que estaba a punto de ser entregado en manos de los romanos. Antes de que Jesús pudiera concluir su discurso, Judas apareció en el jardín de Getsemaní con una multitud de soldados armados, que habían sido enviados por los líderes religiosos de la época con la ayuda de la traición de Judas Iscariotes.

En ese momento, Jesús fue capturado, y Pedro, con la intención de "proteger" a Jesús, sacó la espada y cortó la oreja de Malco. Jesús lo exhortó, diciendo: "¿Acaso piensas que no puedo ahora orar a mi Padre, y que él no me daría más de doce legiones de ángeles? ¿Pero cómo entonces se cumplirían las Escrituras, de que es necesario que así se haga?" (Mateo 26:53,54). Este hecho nos demuestra, una vez más, que Jesús no fue capturado por el poder y la astucia de los religiosos, ni de los soldados, sino porque Él mismo se entregó a la muerte, como una oveja que va callada al matadero.

Jesús fue acusado por los líderes religiosos, sin decir una sola palabra en su propia defensa. El crimen por el que estaba

Jesús no fue capturado por el poder y la astucia de los religiosos, ni de los soldados, sino porque **Él mismo se entregó** a la muerte, como una oveja que va **callada** al matadero.

siendo acusado no tenía fundamento. El propio Pilatos se mostró muy complacido con el silencio del presunto acusado que estaba ante él. Ciertamente esperaba que Jesús implorara por perdón y ayuda; sin embargo, diferente a lo que la mayoría de nosotros haría en esta misma situación, Jesús estaba allí, presente y dispuesto a morir voluntariamente.

Las calles del tiempo de Jesús eran muy diferentes a las que vemos hoy en día, sobre todo porque la ciudad de Jerusalén hoy está en un nivel más alto que la antigua ciudad y, sin una excavación arqueológica, sería imposible determinar con precisión el trayecto que ocurrió a mediados del siglo I d.C. Pero, aun así, podemos tener una idea de la distancia entre un lugar y otro, lo que daría más o menos un kilómetro. Antes de comenzar su camino, Jesús fue azotado, escupido, burlado, recibió palazos en la cabeza, le quitaron las túnicas, y a cambio recibió un paño rojo y una corona de espinas. La imagen que inevitablemente viene a la mente es un camino sangriento. Lo más probable es que Jesús dejara un rastro de sangre por las calles por las que pasó hasta llegar al lugar de su crucifixión.

¿Cuántos de nosotros nos hemos puesto a reconstituir esta escena en nuestras mentes? Debemos acostumbrarnos a hacerlo para impactarnos con el sacrificio del Hijo de Dios. Cuando Jesús llegó a Gólgota, fue colgado de la madera, que era el castigo más humillante de la época. No bastase todo su sufrimiento en la cruz, fue insultado y burlado por los religiosos y por muchos que pasaron por allí: "A otros salvó, a sí mismo no se puede salvar" (Mateo 27:42). Alrededor de las 3:00 de la tarde de ese viernes, Jesús gritó y le entregó su espíritu al Padre. Estaba hecho. El plan de Dios se había cumplido, pero la vergüenza de Jesús en la cruz sólo duraría hasta el domingo, el día de la resurrección. Sin embargo, la vergüenza de Satanás y sus demonios durará toda la eternidad. La muerte de Jesús fue dolorosa, sangrienta y humillante, pero efectiva en todos sus propósitos.

Sin embargo, el énfasis de este capítulo no sólo está en la muerte que Jesús murió, sino en la vida que tú y yo vivimos antes de la muerte que Él enfrentó — ¿Será que nuestra vida agrada a Dios? Por supuesto, nada de lo que tú y yo hagamos será suficiente, en comparación con todo lo maravilloso que nuestro Dios merece. Sin embargo, sin duda nos manda vivir una vida sencilla e irreprensible (Filipenses 2:15) y a glorificarlo en todos nuestros actos: "Si, pues, coméis o bebéis, o hacéis otra cosa, hacedlo todo para la gloria de Dios." (1Corintios 10:31).

Cada vez que pienso en mi vida, me siento avergonzada por mis acciones. Porque a pesar de que buscamos la santidad y la comunión con Dios, a pesar de nuestros "mejores" actos e intenciones, somos pecadores miserables. Abraham dijo: Soy polvo y ceniza. Job dijo: Ay de mí. Pablo dijo: Yo soy el peor de los pecadores. Y todos fueron hombres de Dios. Así que estamos hablando no de meritocracia, sino de cosmovisión. Cuando entendemos la pureza y el verdadero significado del Evangelio de Cristo y su muerte vicaria, no hay otro resultado sino el que vemos en Abraham, Job, Pablo y muchos otros hombres de Dios en las Escrituras: el reconocimiento de nuestra pecaminosidad y vulnerabilidad ante el Dios Altísimo.

Cuando nos preguntamos si la muerte de Cristo valió la vida que vivimos, no sólo nos referimos a sus sufrimientos, sino también al impacto de su acción, como vimos en el capítulo anterior. El precio era muy caro, hasta el punto de volverse invaluable. Y esto se debe al hecho de que ni tú ni yo podríamos hacer por la raza humana lo que sólo Jesucristo hizo, por las razones que ya discutimos. Lo que nos queda es ser agradecidos, irreprensibles y obedientes a Dios, lo que aún no nos haría dignos de su gracia.

Dada la grandeza de Dios y Sus obras, Pablo termina muchas de sus cartas con una fórmula litúrgica dirigida a Dios, que se llama "doxología". La doxología es una expresión poética y musical de alabanza a Dios que utiliza las palabras para expresar una verdadera adoración de Dios. ¿Cuándo fue la última vez que tú y yo ofrecimos una verdadera adoración a Dios? Si tú y yo evaluamos nuestra vida hoy, ¿sería un reflejo de la gloria de Cristo? ¿Vivimos de forma piadosa o a nuestro antojo?

Pablo les escribe a los gálatas que nuestra carne está en constante militancia contra el Espíritu, por lo que hay dos inclinaciones en nosotros: la carnal y la espiritual. Debemos caminar según el Espíritu, y no según la carne, porque los deseos de la carne son inmorales. Y cuando el apóstol dice esto, también está afirmando que, aunque sea una situación extremadamente conflictiva, aun así, no quedamos a merced del azar para ingeniárnoslas. El Espíritu Santo de Dios ha sido enviado a la tierra para ayudarnos a decirle NO al pecado, y hay tres puntos en nuestra salvación: fuimos salvos en el pasado (de la condena del pecado) por justificación (por medio de la muerte vicaria de Cristo); estamos siendo salvos en el presente (del poder del pecado) por la santificación; y seremos salvos en el futuro (de la presencia del pecado) en la glorificación.

A pesar de que nacemos pecadores y vivimos en un mundo caído, recibimos por medio de la acción del Espíritu Santo la capacidad de decirle NO al pecado. ¡La carne es débil, pero el Espíritu es invencible! No podemos culpar las tentaciones del mundo por nuestros fracasos. El mundo está lleno de propuestas tentadoras, pero el Espíritu nos da una capacidad sobrenatural para luchar contra todas ellas, no con armas humanas, porque la batalla no es con la carne o la sangre, sino con armas espirituales proporcionadas por Dios mismo.

En vista de esto, no podemos victimizarnos afirmando que somos débiles, justificando nuestra permanencia en el pecado ante Dios. Él siempre supo que éramos débiles e incapaces, y justamente por eso nos proporcionó un sustituto en la cruz, tal como lo hizo por Abraham en el monte Moriah, salvando a Isaac, su hijo. Buscar excusas para justificar nuestra vida pecaminosa significa despreciar la cruz de Cristo, por lo menos; porque Él no sólo murió por nosotros, sino que nos dejó el Consolador, que nos ilumina, nos advierte, nos convence del arrepentimiento y nos hace vivir una vida irreprensible ante el Señor.

CAPÍTULO 6

SOMOS COMO LA NEBLINA

Ahora escuchen con cuidado, ustedes los que dicen:
"Hoy o mañana iremos a tal o cual ciudad, y estaremos
allá un año, y haremos negocios, y ganaremos dinero".
¡Si ni siquiera saben cómo será el día de mañana!
¿Y qué es la vida de ustedes? Es como la neblina, que en
un momento aparece, y luego se evapora. Lo que deben
decir es: "Si el Señor quiere, viviremos y haremos esto o
aquello". (Santiago 4:13-15)

Estos versículos son sin dudas provocativos porque nos ponen en nuestro lugar: como los vulnerables que somos. Hacemos muchos planes (muchos de ellos a partir de nuestra propia voluntad), pero el que tiene la última palabra es siempre el Señor. ¿Será que tú y yo podríamos responder a la pregunta de Santiago: ¿Y qué es la vida de ustedes? Si realmente fuéramos a responder, ¿qué diríamos? Lo más probable sería, "Mi vida es increíble y valiosa." Pero Santiago nos da otra respuesta.

Nuestra vida es fugaz, frágil y vulnerable, como la neblina que desaparece en el horizonte. Tal vez ya tuviste la oportunidad de conducir (o al menos estar como pasajero) un coche que sube por la carretera en las montañas durante la época de frío. La altitud en las regiones montañosas actúa directamente en la reducción de las temperaturas e interceptando las masas de aire húmedo de otras regiones. Dependiendo de la región, la niebla puede ser densa durante los períodos más fríos, pero puede no durar mucho tiempo. La niebla generalmente se forma durante la madrugada y se queda hasta la mañana, fruto de la condensación del agua presente en la atmósfera en forma de humedad. Esta niebla se forma cuando la temperatura del aire es lo suficientemente baja como para hacer líquido el vapor de agua.

La gran pregunta al pensar en estas cosas es: Si intentáramos "agarrar" esta niebla, ¿lo lograríamos? ¿Podemos controlar cuándo surge o desaparece? ¿Podemos identificar objetivamente de dónde viene y a dónde va cuando desaparece? Obviamente, la respuesta es no.

Nuestra vida, según el libro de Santiago, es como la niebla en las montañas, que surge por un momento y luego desaparece. La Palabra de Dios muestra, varias veces, el valor de nuestra vida, y la culminación de esta demostración es la muerte de Cristo. Sin embargo, lo que Santiago nos dice no está relacionado a cuánto valemos para Dios, sino que evidencia nuestra fragilidad y la velocidad con la que pasan nuestras vidas. Somos extranjeros y peregrinos en la tierra (1Pedro 2:11). Nos llaman de extranjeros porque nuestra patria no es esta, somos ciudadanos del cielo. Y nos llaman de peregrinos porque sólo estamos de pasaje por aquí, caminamos por un cierto tiempo, en un viaje con el trayecto y tiempo contados.

La vida tal como la conocemos representa una pequeña gota de agua en todos los océanos de la Tierra, en comparación con la eternidad. Cuando vemos al futuro e intentamos imaginar la "línea final" de nuestra existencia, siendo muy optimistas podemos esperar vivir unos setenta años, como nos dice la Palabra: "Los días de nuestra edad son setenta años; Y si en los más robustos son ochenta años, Con todo, su fortaleza es molestia y trabajo, Porque pronto pasan, y volamos" (Salmos 90:10). Sin embargo, hay muchos casos de muerte prematura. Los bebés, los niños, los adolescentes y los adultos jóvenes también son recogidos por el Señor. Este hecho por sí solo ya debería mostrarnos nuestra fragilidad, no todos tenemos una larga vida garantizada.

Moisés clama al Señor: "Enséñanos de tal modo a contar nuestros días, Que traigamos al corazón sabiduría" (Salmos 90:12). ¿A qué sabiduría se refiere el salmista? Es la misma sabiduría a la que Pablo se refiere en Colosenses 1:9: la sabiduría espiritual. Somos llamados a crecer en el conocimiento de Dios, en la profundidad de Su Palabra, y en la comprensión de Su voluntad revelada a nosotros. Únicamente a través de la relación con Dios por la oración y su Palabra, podemos alcanzar la verdadera sabiduría.

No debemos vivir contando nuestros días a partir de las hojas de calendario o de los resultados de nuestros exámenes de chequeo, pero por la sabiduría otorgada por Dios. Aprender la sabiduría de Dios significa examinar todas las cosas desde el punto de vista de lo eterno. Alguien dijo una frase que nunca olvidé: "La forma en que vivimos nuestras vidas define toda nuestra eternidad".

No debemos vivir contando nuestros **días** a partir de las hojas de calendario o de los resultados de nuestros exámenes de chequeo, pero por la **sabiduría** otorgada por Dios. Aprender la sabiduría de Dios significa **examinar** todas las cosas desde el punto de vista de lo **eterno**.

El hombre común no sabe contar sus días. Cree que cuanto más "intensa" sea su vida al disfrutar de todas las fiestas y entretenimientos, mejor habrá vivido. Estoy seguro de que ya oíste a alguien decir: "Ahora que hice todo lo que quería, puedo morir en paz". Pero en realidad deberíamos decir: "Ahora que creo haber cumplido toda la voluntad de Dios, que Él me lleve en el momento adecuado, para que pueda ir a encontrarlo". Todos nosotros tenemos algo en común: la muerte. Y sólo el Dios Supremo sabe cuántos días nos quedan.

Entonces, ¿cómo debemos contar nuestros días? Porque días no contados son días no aprovechados. Y como dijo Martín Lutero, contar nuestros días correctamente está directamente relacionado a la práctica de nuestra vida cristiana, por lo que dijo: "Considera perdido el día en que no medites en las Sagradas Escrituras." La Biblia es infalible para todos los propósitos para los que fue escrita, lo que incluye enseñarnos a contar nuestros días de acuerdo con las matemáticas del reino de Dios.

Si Dios revela su voluntad a su pueblo, significa que ya no estamos a merced del azar, limitados por la ceguera espiritual. La Biblia es una lámpara para nuestros pies y luz para nuestro camino, y del Génesis al Apocalipsis es la boca de Dios que nos habla alto y claro. Según el concepto humano, la sabiduría se mide por la inteligencia y la cultura de cada individuo. Pero para Dios la sabiduría significa ver la existencia más allá de lo que nuestra retina puede ver. Es tomar nuestras decisiones de acuerdo con las normas bíblicas. Es entendiendo realmente lo que Jim Elliot dijo una vez: "No es tonto el que da lo que no puede retener, para ganar lo que no puede perder ".

Nacemos en el pecado y somos guiados por él hasta que somos regenerados por el Espíritu de Dios y se abren nuestros ojos espirituales, como el apóstol Pablo cuando Ananías lo visitó: "Y al momento le cayeron de los ojos como escamas" (Hechos 9:17,18). Los pecadores siempre están en busca de aprobación, riqueza material, diversión a cualquier costo, éxito y placer. Estos mismos individuos tienen una vista corta y no pueden ver más allá de la muerte física. Como comentamos anteriormente en este capítulo, Dios nos exhorta a ver y evaluar todas las cosas a la luz de la eternidad. Si vivimos considerando la eternidad, tendremos una vida con días dignos de ser contados y alcanzaremos la sabiduría que Moisés tanto rogó.

La orden suprema del faraón en Egipto, durante un cierto período de esclavitud del pueblo de Dios, era acabar con la vida de todos los bebés nacidos de mujeres hebreas (Éxodo 1:16). Fue durante ese contexto que nació Moisés. Sin embargo, no fue asesinado, ya que poco después de nacer, fue escondido por tres meses (Éxodo 2:2). La providencia de Dios lo llevó al palacio del faraón, donde él, salvado de la muerte, fue educado y vivió durante muchos años. Cuando era adulto, Moisés cometió un asesinato al presenciar una escena en la que un hombre hebreo fue injustamente maltratado y oprimido por un egipcio, y a la edad de 40 años huyó hacia Madián para escapar de la ira del faraón y sus represalias (Éxodo 2:15). En Madián, Moisés, que era un noble en el palacio del faraón, se casó con Séfora, tuvo hijos y siguió su vida durante otros cuarenta años como humilde pastor de ovejas, hasta el día que tuvo un encuentro con Dios en el arbusto ardiente y comenzó su ministerio (Éxodo 3:2).

En vista de esto, llegamos a la conclusión de que Moisés comenzó su llamamiento a la edad de 80 años. Cuando vemos la vida de este hombre elegido por Dios para dirigir la nación de Israel, nos damos cuenta de que durante cuarenta años pensó que era alguien, viviendo en la corte del palacio y siendo educado con lo mejor en términos de sabiduría humana, hasta que una actitud insensata lo hizo fugitivo del faraón y pastor de rebaño. Este fue el momento en que Moisés se inscribió en la escuela de Dios. Dios preparó a Su siervo como Él quería y de la forma que le agradaba. Dios sabía exactamente cuáles eran los planes para Su siervo Moisés.

El humilde siervo se convirtió en libertador de la esclavitud del pueblo de Dios, el conductor del mismo pueblo a la tierra prometida y autor de los primeros cinco libros de la Biblia. Y es este mismo hombre, extraordinariamente entrenado por el mismísimo Señor de los Ejércitos, líder y libertador del pueblo, que le pide ayuda a Dios en el Salmo 90 para aprender a contar sus días y alcanzar la sabiduría. Moisés nos da un precioso indicio sobre el verdadero éxito: pedir ayuda a Dios y vivir de acuerdo con sus preceptos es la sabiduría misma. Y Salomón, el hombre más sabio de toda la historia, nos confirma esta enseñanza en Proverbios 9:10.

Pasamos toda nuestra vida pensando en ser "alguien" por las cosas que tenemos, nuestras pretensiones y nuestra inteligencia. Sin embargo, cuando vemos la historia de Moisés, nos damos cuenta de que en realidad no somos absolutamente nada de lo que creemos que somos. Somos lo que Dios piensa de nosotros. Somos el resultado de lo que Él nos transforma. Por lo tanto, la carta de James obliga a recordar que somos como la neblina que se disipa.

La única oportunidad de vivir una vida irreprensible y digna a los ojos de Dios está aquí y ahora. No debemos desperdiciar nuestros días con vanidades ni poner nuestra confianza en las cosas de este mundo. El mundo podría darnos un poco de consuelo, pero todo lo que viene de él es temporal e ineficaz cuando se trata de la salvación. Y, de hecho, nadie saldrá vivo de él. Pero la Biblia nos asegura que, aunque la carne vuelva al polvo de la tierra, los salvos se levantarán en el último día, porque Jesús ha vencido la muerte y en Él viviremos eternamente (1Corintios 15:22,23). Y si estamos seguros de ello, como Dios mismo nos promete, también debemos vivir nuestra vida a partir de esa seguridad, sometiéndonos al poder de Jesucristo, sin perder nuestros días, conscientes de que, así como la niebla va y viene por las montañas, así nuestra vida surge y desaparece en este mundo. Lo que hacemos en el tiempo entre el día en que nacemos y el día que dejamos nuestro cuerpo físico es decisivo para nuestro futuro en la eternidad.

CAPÍTULO 7

JESÚS COMO SEÑOR, Y NO SÓLO SALVADOR

Por lo cual Dios también le exaltó hasta lo sumo, y le dio un nombre que es sobre todo nombre, para que en el nombre de Jesús se doble toda rodilla de los que están en los cielos, y en la tierra, y debajo de la tierra; y toda lengua confiese que Jesucristo es el Señor, para gloria de Dios Padre. (Filipenses 2:9-11)

Al final del capítulo anterior, hablé brevemente acerca de someter nuestra vida al poder de Cristo para alcanzar la verdadera sabiduría. Sin embargo, este tema es digno de un análisis más detallado, ya que la urgencia del Evangelio también trata de la urgencia de vivir con sumisión a Jesús.

El texto de Filipenses 2 trata de la esencia del Evangelio: Jesús recibió el nombre que es sobre todo nombre, siendo exaltado de tal manera que se convirtió en Señor sobre todas las cosas, por la gloria de Dios Padre. Jesús, que se vació y se convirtió en siervo, devuelve la gloria al Padre para que Él sea todo en todos. Pablo también deja muy claro en Romanos 14:9 que el señorío estaba en el centro de la obra redentora de Cristo sobre el Calvario. Pero desafortunadamente, muchos de nosotros buscamos en Jesús sólo la salvación, no su señorío.

Queremos el favor de Dios, pero insistimos en vivir sin el mínimo de obediencia a Él. Esta parece ser la realidad de la gran mayoría de los seres humanos y es parte del pensamiento que originó la idea del universalismo del amor de Dios. "Dios es amor, y por lo tanto todos serán salvos." Esta es una idea antibíblica, excepto por la parte que dice que Dios es amor. Dios es amor, pero también es justicia y rectitud. Estos atributos están estrechamente relacionados con la santidad de Dios. Dios odia el pecado, y es precisamente por ser justo que necesita condenar el pecado, y de ningún modo justificará al malvado (Éxodo 34:7).

Es cierto que la muerte sustituta de Cristo fue suficiente para satisfacer la justicia de Dios por nuestras transgresiones porque, después de todo, Él fue hecho pecado por nosotros, pero eso no significa que podamos hacer lo que queremos con la justificación de que "Jesús ya pagó por nuestros crímenes, para que podamos hacer lo que queramos". Eso es, al menos, subestimar la inteligencia del Ser más inteligente de todo el universo.

Es esencial entender que la obra de Cristo sobre la cruz fue eficaz en todos sus propósitos, pero no fue de ninguna manera un "cupón de vida eterna" para todos los seres humanos. Si esto fuera cierto, Jesús habría muerto hasta por aquellos que no heredarían la vida eterna, y por lo tanto parte de

Su sangre derramada habría sido en vano. ¿Podría Jesús morir en vano? Obviamente la respuesta es no. La sangre de Jesús es capaz de cubrir todos los pecados de aquellos por quienes murió, pero Él no derramó su preciosa sangre por aquellos que nunca se someterían a Él ni lo confesarían como el único Señor y Salvador.

Por supuesto, no depende de ninguna criatura designar quién será y quién no será salvo; pues sólo Dios lo sabe. Pero el hecho es que nuestra vida dice mucho sobre quiénes somos en Él. Por lo tanto, buscar en Jesús sólo un Salvador y rechazarlo como Señor, es caer en el universalismo. Esto ciertamente debilita el sacrificio vicario de Cristo en la cruz. No murió sólo para permitir nuestra salvación. Él murió como nuestro representante, garantía y sustituto para salvarnos.

Jesús primero debe ser nuestro Señor para que Él sea nuestro Salvador. "El que conmigo no recoge, desparrama" (Lucas 11:23). O estamos con Él al 100%, o no estamos con Él en absoluto. No tenemos la opción de ser neutros con relación a Dios, y también la frialdad espiritual es una condición inapropiada (cf. Apocalipsis 3:16). Quien confiesa que Jesús es el Hijo de Dios no puede hacerlo parcialmente, es decir, creer que Jesús es el Hijo de Dios y que tiene poder para salvar, y no vivir sumisamente a Él. Es por eso que a menudo debemos observar nuestra vida en busca de evidencia de que Jesús es nuestro Señor. Una vida sumisa al señorío de Cristo da frutos de obediencia, y esos frutos no mienten. Ser de Cristo significa vivir para Él, y no más para ti mismo.

Tal vez estés pensando, "¡Esto es una locura! ¿Cómo puedo detener mi vida para vivir para Cristo?". Bueno, en ningún momento Cristo nos obliga a "detener nuestra vida" para que vivamos encerrados en una habitación o en una iglesia rezando de rodillas las 24 horas del día después de haber abandonado nuestro hogar y nuestro trabajo por Él. Por el contrario, es a través de su providencia que tenemos empleo, ya sea en un banco, en una oficina, en un taller, o en un salón de belleza. Es a través de su providencia que formamos una familia y alcanzamos el éxito en nuestras acciones. Él quiere y necesita ser honrado no sólo en la iglesia o ambientes eclesiásticos, sino en todos los aspectos de nuestra vida. Ya sea dentro de la familia o en el entorno corporativo, Jesús es digno de ser exaltado en todas las circunstancias de nuestra vida.

La verdad es que, la mayoría de las veces, somos más útiles como cristianos fuera de la iglesia que dentro de ella. Basta con recordar el momento en que Pedro, al ver a Jesús transfigurado en la montaña, dice: "Señor, bueno es para nosotros que estemos aquí; si quieres, hagamos aquí tres enramadas: una para ti, otra para Moisés, y otra para Elías" (Mateo 17:4), lo que demuestra claramente la emoción del apóstol al vivir en ese momento sobrenatural, hasta el punto de no querer irse. Pero bajaron de la colina al día siguiente, y abajo había un niño poseído por un espíritu maligno. Es decir, la experiencia en ambientes de adoración y gloria es indudablemente increíble, pero somos llamados a actuar en los valles, donde hay personas oprimidas y sufriendo, lejos de Dios. Sin embargo, es en estos momentos donde podemos darnos cuenta de que, si no estamos plenamente subordinados a la voluntad de Dios y no vivimos en total obediencia a Él, no sirven de mucho nuestras habilidades, nuestros talentos e incluso nuestra salvación.

Si no somos capaces de al menos servir como agentes en la salvación de los demás, ¿cómo podemos ver nuestra propia salvación y estar tan seguros de ella? Es precisamente por eso que no podemos relativizar o universalizar el amor de Dios. Nos reconciliamos con Dios a través de la obra de Cristo, que fue completamente exaltado y recibió el nombre que es sobre todo nombre. Él es el Señor de todo y de todos. Él es el Señor de nuestra vida pública y privada, física y espiritual. Y si no vivo para Jesús como Señor, Él no es mi Salvador.

Cuando Pablo dice que para él el vivir es Cristo, y el morir es ganancia. (Filipenses 1:21), se refiere a la forma en que vive, reflejando el carácter de Cristo y exaltando su nombre. En el versículo anterior, en Filipenses 1:20, Pablo declara: "ahora también será engrandecido Cristo en mi cuerpo, o por vida, o por muerte". Es decir, no importa lo que me pase, siempre y cuando Cristo haya sido exaltado a lo largo de mi vida. El apóstol escribe la carta a los filipenses desde una cárcel, y en esta carta hace hincapié en las cualidades de los seguidores de Jesús y en cómo los cristianos deben imitar el ejemplo de Cristo mismo. Y entre todas estas maravillas, ¿qué fue lo que Cristo más hizo en su caminada por la tierra? Obedeció a Dios. Su muerte fue fruto de su obediencia a Dios y dio lugar a su exaltación al altísimo lugar como Señor de todos (Filipenses 2:5-11).

Pablo le dice a los Corintios que fueron comprados a un alto precio y que por lo tanto deben glorificar a Dios con sus propios cuerpos (1Corintios 6:19,20). La palabra "comprado" se refiere a una transacción comercial. Cuando compramos una propiedad, ese bien nos pertenece. Hacemos todo el procedimiento comercial de compra y el registro en notaría, tomamos

Si no somos capaces de al menos **servir como agentes** en la salvación de los demás, ¿cómo podemos ver nuestra propia **salvación** y estar tan **seguros** de ella?

posesión del bien y guardamos un comprobante de la transacción de compra.

Aunque metafóricamente, esta es exactamente la idea de Pablo: fuimos comprados por Jesús y pasamos a ser de su propiedad. En 1Pedro 2:9, la Biblia nos dice que somos "linaje escogido", que una vez estuvimos en la oscuridad, pero que fuimos llevados (por medio de la "compra") a la maravillosa luz de Dios. No hay razón para pensar que "no somos de nadie" o que "pertenecemos a nosotros mismos". El que es generado por el Espíritu también es marcado por el Espíritu y entra en el redil, convirtiéndose en parte del rebaño de Cristo: "Mis ovejas oyen mi voz, y yo las conozco, y me siguen" (Juan 10:27). ¿Y qué hacen las ovejas? Siguen la voz de su pastor y, si la siguen, es porque son, antes que nada, obedientes a Él.

Nuestra vida debe reflejar el corazón del Evangelio, que es el señorío de Cristo. No podemos pensar que el hecho de que hayamos confesado nuestra fe en Jesús nos salvará, si no está acompañado de evidencias. Es cierto que la Palabra de Dios dice que somos salvos por la gracia a través de la fe (Efesios 2:8), pero también es cierto que muchos vendrán ante Cristo en el último día llamándolo: Señor, Señor; y afirmando haber hecho muchas obras en Su nombre, pero a estas mismas personas Jesús dirá: "Nunca os conocí; apartaos de mí" (Mateo 7:23). Tenemos que ser extremadamente cuidadosos y cautelosos con las cosas de Dios.

Me atrevo a decir que a menudo somos engañados por nuestras emociones y pensamientos, al punto de producir en nosotros mismos una falsa esperanza, lo cual es muy serio. Uno de los signos obvios de la regeneración de un verdadero cristiano es la forma en que vive. No sólo en la iglesia, no sólo en las conferencias cristianas y no sólo cuando la gente está mirando, sino todo el tiempo y en toda su existencia. El Espíritu Santo de Dios viene a morar en aquellos que han sido generados por el Espíritu, y donde está el Espíritu de Dios no puede haber pecado deliberado, porque eso es obra de la carne, no del Espíritu (Gálatas 5:19). Frente a esto, los insto al hecho de que el señorío de Cristo no puede desvincularse de su poder para salvarnos. Si Él es salvador, también debe ser necesariamente Señor.

CAPÍTULO 8

EL EVANGELIO PARA HOY

Mejor es ir a la casa del luto que a la casa del banquete; porque aquello es el fin de todos los hombres, y el vive lo pondrá en su corazón.
(Eclesiastés 7:2).

Si hay una cosa que hay que tomar en serio en esta vida, es la muerte. Como dice el refrán popular: "¡Para morir, simplemente hay que estar vivo!" No hay escapatoria para nadie, y el sabio Salomón, el autor de Eclesiastés, ya estaba seguro de eso. Los necios dedican su corazón a las cosas pasajeras, mientras que los sabios reconocen que la muerte será el destino de todos y, ante este hecho, construyen su vida a partir de lo eterno. Por eso, es mejor ir a una casa donde se está de luto, porque hay conocimiento sobre la muerte, mientras que en la casa donde hay fiesta, hay una falsa esperanza de que la muerte nunca vendrá. La muerte trae dignidad a la vida de quienes la esperan. Esto no significa que debamos vivir en luto; al contrario, significa que debemos vivir sabiamente, con la mirada puesta en la eternidad, para que nuestra vida refleje esa esperanza.

Por desgracia, este no es el escenario que acostumbramos a ver en el mundo. La mayoría de la gente vive como si no hubiera un mañana. Pero la gran pregunta es: ¿y si realmente no hubiera un mañana? ¿Qué pasa si realmente no hubiera un nuevo día, una nueva mañana para que tú y yo nos arrepintamos de nuestros pecados, dejemos nuestros malos caminos y regresemos nuestros ojos a Dios?

Hace muchos años me pasó algo muy triste. Un conocido mío había dejado su casa para ir a la casa de un amigo de la universidad, donde los dos pasarían la noche jugando a las cartas y divirtiéndose. Cuando salió de casa en su auto, nunca hubiera imaginado que en el camino lo sorprendería un ladrón en la calle por donde acabó entrando accidentalmente. El asaltante estaba saliendo de la escena del crimen, la casa que acababa de robar, y se dirigía hacia el auto esperando que él iniciara la fuga. Fue en ese mismo momento que mi conocido fue sorprendido por el auto del asaltante, quien, pensando que estaba frente al dueño de la residencia, no dudó en disparar al parabrisas del auto, golpeando al conductor. El joven recibió un disparo en la cara y murió instantáneamente. Un error en la ruta le costó la vida, un error fatal. Fue un gran shock para todos, y estoy convencido de que la mayoría se preguntaba: "¿Y si no hubiera entrado por la calle equivocada?" Nunca tendremos una respuesta a esta pregunta, pero ciertamente siempre recordaremos este hecho como una advertencia sobre nuestra fragilidad. Es posible que el mañana no llegue para ninguno de nosotros.

El 26 de enero de 2020 estaba en la ciudad de Orlando, donde vivimos mi familia y yo. Era un domingo hermoso y estábamos estacionando el auto frente al restaurante donde íbamos a almorzar. Mi teléfono sonó y aún en la pantalla bloqueada de mi celular, leí la siguiente frase: "Bella, Kobe Bryant y su hija Gigi acaban de fallecer". Estaba en shock y no podía salir del auto en ese momento. Pensé: "Dios mío, Kobe y su hija, ¿por qué? ¡Él era tan joven y ella todavía era una niña!" Varias preguntas me vinieron a la mente en ese momento, y estoy seguro de que no fui la única se que hizo tantas preguntas. Siempre me ha gustado el baloncesto y tuve la oportunidad de conocer a Kobe Bryant en persona en 2015, cuando amablemente firmó un pequeño par de su línea de zapatillas, que era de mi hija mayor, que estaba recién nacida en aquel momento. Fue muy triste escuchar sobre su muerte y la muerte de Gianna, que solo tenía 13 años. La muerte no le dice a nadie cuándo vendrá; simplemente viene, para todos. Ya sea cristiano o budista, blanco o negro, rico o pobre, no se puede escapar del aguijón de la muerte física. Pues polvo eres, y al polvo serás tornado (Génesis 3:19).

La pandemia del COVID-19 que comenzó a principios de 2020 también nos muestra, de manera indiscutible, la fragilidad de la raza humana. La pandemia ha perjudicado al planeta a nivel mundial, afectando a millones de personas y acabando con miles de vidas. No hay forma más efectiva de recordar nuestra vulnerabilidad que estar ante situaciones como estas: el asesinato de un joven conocido, la muerte de un ícono del baloncesto o una pandemia que mata a miles de personas todos los días. La muerte no exonera y no le avisa a nadie. Nos impacta, nos confronta y nos deja reflexivos.

En Filipenses 1:23, el apóstol Pablo nos trae una perspectiva importante sobre la muerte: "Porque de ambas cosas estoy puesto en estrecho, teniendo deseo de partir y estar con Cristo, lo cual es muchísimo mejor". Él demuestra el deseo de irse y estar con Cristo y, además, aclara que estar con él es mucho mejor que estar en la tierra. En nuestro contexto, decir esto puede sonar victimista o incluso melancólico. Pero para Pablo era una convicción. No era melancolía ni depresión, mucho menos drama.

Pablo tuvo experiencias sobrenaturales durante su caminar cristiano, de las cuales podemos mencionar tres: se convirtió después de un encuentro con Jesús en el camino a Damasco (Hechos 9:3-5), fue llevado al tercer cielo (2Corintios 12:2) y recibió el evangelio por revelación de Jesucristo (Gálatas 1:12). Este mismo Pablo, que vivió tan intensamente su llamado y fue el mayor líder del cristianismo, deseaba expresamente la muerte, porque estaba seguro de lo que le esperaba.

Un verdadero cristiano que ha sido regenerado por el Espíritu Santo debe tener la misma certeza que tenía Pablo sobre la muerte. Te pregunto ahora mismo: si no hubiese un mañana, si tus ojos no se abrieran al tocar el despertador, ¿estarías seguro de tu salvación? Si Jesús regresara en este mismo momento, ¿tú y yo seríamos arrebatados? Esta es la urgencia del evangelio.

Una vez le preguntaron a John Wesley qué le gustaría hacer cuando Jesús regrese. Él respondió: "Lo que hago todos los días, porque todos los días espero con ansias el regreso de mi Señor". Es cierto que no sabemos cuándo regresará Jesús y mucho menos cuándo iremos al sepulcro, pero hay una seguridad que debemos buscar todos los días: la de nuestra salvación.

Pablo le aconsejó a su amado discípulo Timoteo que buscara esa seguridad: "Echa mano de la vida eterna, a la cual asimismo fuiste llamado, habiendo hecho la buena profesión delante de muchos testigos" (1Timoteo 6:12). Hay tres informaciones en este pasaje, que vale la pena destacar: 1) Pablo anima a Timoteo a estar seguro de que ha recibido la salvación; 2) Pablo enfatiza que Timoteo fue llamado a la vida eterna; 3) Pablo le recuerda a Timoteo el hecho de que había hecho públicamente su buena confesión de fe.

Cuando confesamos nuestra fe en Jesucristo y lo recibimos como el único Señor y Salvador, la Palabra de Dios dice que somos salvos. Pero, como vimos antes, la verdadera conversión y, por tanto, la salvación, dan frutos que, a su vez, no mienten, dando testimonio de nuestra regeneración. Decir de la boca para afuera que Jesús es el Hijo de Dios y que creemos en eso, no es el camino. Dios escudriña lo más profundo de nuestro corazón y nadie puede engañarlo.

La salvación es un regalo inmerecido de Dios, que recibimos por gracia. Somos salvados sólo por la sangre de Jesús. Incluso nuestro mejor y más grande esfuerzo no sería suficiente para conseguir este favor de Dios. Sin embargo, una vez que recibimos este don cuyo valor es inconmensurable, se nos anima a buscar la seguridad de nuestra salvación, a través de la lectura de la Palabra y la comunión con el Espíritu Santo. Él es quien testifica dentro de cada uno de los salvos que somos hijos de Dios. Jesús dijo: De cierto os digo: "El que cree en mí, tiene vida eterna"(Juan 6:47). El verbo "tener" está en el presente, lo que nos muestra que quien cree en Jesús recibe la vida eterna en el tiempo presente, y no sólo en el futuro.

El nombre de una persona salva está escrito en el libro de la vida en el momento en que cree, y ese libro está a salvo en las manos del León de la tribu Judá, quien es digno de abrirlo (Apocalipsis 5:5). En vista de esto, Dios nos da la maravillosa oportunidad de disfrutar el gozo y la seguridad de la vida eterna aquí y ahora. Por lo tanto, no es una presunción estar seguro de la salvación, pero definitivamente es una tragedia tener una falsa convicción o simplemente no estar seguro de nada.

La falsa convicción es perniciosa, porque hace que una persona crea que es verdaderamente salva, aunque su vida y sus acciones no condigan con la Palabra de Dios. Esta situación es claramente narrada por Jesús en el Sermón de la Montaña, cuando dice que ese día muchos se le acercarán diciendo que en su nombre hicieron muchas cosas, pero Jesús les dirá que nunca los conoció.

La incertidumbre también es grave, ya que provoca que la persona no tenga paz ante la inseguridad de ser salvo por la mañana y perdido por la noche, es decir, ser hija de Dios por la mañana e hija de las tinieblas por la noche. ¡Qué vida tan miserable! Si Dios es el único autor de nuestra salvación (Efesios 2: 8), ¿cómo podríamos sentirnos inseguros por temor a perderla, una vez que la recibimos de Dios mismo, quien es soberano e inmutable? Nuestra libertad de actuar no puede igualar la soberanía de Dios.

Ni tú y ni yo estamos en el centro de nuestra salvación, sino Jesucristo. Y si Él es la fuente, el objeto y el corazón de nuestra salvación, podemos estar seguros de su obra. La Biblia es muy clara cuando afirma que nuestra salvación depende exclusivamente de Cristo y no de nosotros mismos. Los siguientes versículos describen objetivamente esta idea:

> Por lo cual puede también salvar perpetuamente a los que por él se acercan a Dios, viviendo siempre para **interceder por ellos**.
> (Hebreos 7:25, destaque de la autora).

> Mis ovejas oyen mi voz, y yo las conozco, y me siguen; Y yo les doy vida eterna y **no perecerán para siempre, ni nadie las arrebatará de mi mano**. Mi Padre que me las dio, mayor que todos es y nadie las puede arrebatar de la mano de mi Padre. (Juan 10:27-29, destaque de la autora).

> Estas cosas he escrito a vosotros que creéis en el nombre del Hijo de Dios, **para que sepáis que tenéis vida eterna**, y para que creáis en el nombre del Hijo de Dios. (1Juan 5:13, destaque de la autora).

Si Dios salva a alguien, lo hace en verdad Dios no cambia de opinión basándose en nuestro comportamiento o pensamiento. Él sabe que somos imperfectos en todos los sentidos y que nunca podríamos decidir o administrar nuestra salvación. Este don es único y exclusivo para Él, porque la condición del hombre natural y no regenerado es la de la muerte espiritual, y una persona muerta no puede creer en nada hasta que Dios la avive (Efesios 2:1).

Pero no nos engañemos, absolutamente nadie puede usar esa seguridad para vivir una vida de desobediencia, de pecado y de satisfacer la carne en lugar del espíritu. Un verdadero convertido no encuentra placer en el pecado y, aunque resbale, pronto se convence de su error y corre, arrepentido de sus acciones, a los brazos de Jesús, como sucedió con Pedro, quien cometió un error y se arrepintió, porque él fue verdaderamente regenerado. Un verdadero convertido no sólo se arrepiente, sino que se entristece profundamente por sus pecados.

La gran evidencia de un verdadero convertido es su inminente deseo de obedecer a Dios y agradarle solo a Él. Aquellos que una vez profesaron la fe cristiana e incluso fueron a la iglesia y tuvieron caminos de "creyentes", pero abandonaron el barco de Jesús, ellos nunca fueron verdaderamente regenerados y salvos (1Juan 2:19). Según los eruditos y exégetas bíblicos, el texto que se encuentra en Hebreos 6, que se usa a menudo para apoyar la idea de la posibilidad de la pérdida de la salvación, en realidad trata de personas que nunca han sido regeneradas y, por lo tanto, nunca han sido salvas. Por lo tanto, no pueden levantarse cuando caen; no tienen el sello del Espíritu Santo que los convence del pecado.

Si, por un lado, hay personas que recibieron el evangelio, fueron genuinamente regeneradas y recibieron la vida eterna, por el otro, hay quienes confían la idea universalista del amor de Dios y que Él nunca sería capaz de mandar a alguien al infierno, porque es bueno. De hecho, la bondad es uno de los atributos de Dios y también es cierto que Él no creó el infierno para los seres humanos, sino para el diablo y sus demonios. Sin embargo, la Palabra de Dios nos enseña que, contrario a lo que muchos piensan, no todos serán salvos (Romanos 9:15). Y eso no hace a Dios menos misericordioso. Él es el dueño de toda la sabiduría y sabe exactamente lo que está haciendo y por qué, y ninguna criatura puede probar el conocimiento de Dios (Romanos 11: 33-36).

Nuestro estándar de justicia no se puede aplicar a Dios, ni en la salvación ni en la condenación. Dios siempre manifiesta Su gloria. El propósito supremo de Dios en este mundo, según John Piper, es "mantener y demostrar la gloria de Su nombre". Todo lo que hace es por el amor y la alabanza de su santo nombre. ¿Qué otro propósito podría tener Dios sino Su propia gloria y exaltación? No hay nadie más grande que Él, por lo que no necesita ser "modesto" en su actitud hacia Él mismo; eso sería contrario a Su soberanía. Y no nos corresponde a ninguno de nosotros sondear los misteriosos designios de Dios; después de todo, ¿puede la arcilla cuestionar al alfarero?

El propósito final de Dios no es el hombre, sino Él mismo (Efesios 1.6). Esto no quiere decir que debas cerrar este libro y comenzar a relacionarte con Dios por temor al castigo eterno; esta no es la manera correcta de asociarse con Él. Es como un temible guardia cósmico listo para lanzar un rayo a la cabeza de aquellos que le desagradan. Dios es Padre, y uno como ningún otro aquí en la tierra.

Pablo nos enseña que el Evangelio es el poder salvador de Dios:

> Porque no me avergüenzo del evangelio, porque es poder de Dios para salvación a todo aquel que cree; al judío primeramente, y también al griego. (Romanos 1:16).

No hay nadie **más grande** que Él, por lo que no necesita ser "modesto" en su actitud hacia Él mismo; eso sería contrario a Su **soberanía**. Y no nos corresponde a ninguno de nosotros sondear los **misteriosos** designios de Dios; después de todo, ¿puede la arcilla **cuestionar** al alfarero?

El hecho de que Pablo mencione al comienzo del versículo 16 que no se avergüenza del evangelio es interesante, porque, en el contexto de esta carta, estaba confrontando la idea de que las enseñanzas cristianas eran inadecuadas porque eran contrarias a las leyes de Dios, según los judíos. Mientras que muchos deseaban y se esforzaban por eliminar las enseñanzas cristianas, Pablo no se avergonzaba del evangelio.

¿Este escenario no es común hoy en día? Las enseñanzas bíblicas se han eliminado de las escuelas y casi no se menciona a Dios en los canales de televisión. En la sociedad posmoderna, hablar de Dios se ha vuelto obsoleto y frívolo. Creer en Dios se ha convertido en una fuente de burla en muchos círculos de conversación de hoy. Vivimos en una época en la que muchos simplemente se niegan a insistir en cualquier asunto relacionado con el nombre de Jesús.

En su carta a los Romanos, Pablo describe que todos han pecado y están destituidos de la gloria de Dios (Romanos 3:23). Es decir, no hay ni un solo ser humano al que no le falte la salvación que puede traer el evangelio. Y es precisamente por eso, más que nada, que el cristianismo se distingue de todas las doctrinas. Sólo en el cristianismo se expone la verdadera condición del hombre: la de un miserable pecador.

En el cristianismo, no se nos anima a mirar dentro de nosotros mismos, sino a la cruz. No nos reconforta la falsa esperanza de una segunda vida o una segunda oportunidad, sino que nos enfrentamos al hecho de que la salvación es para hoy, sin posibilidad de conversión o cambio de ruta después de la muerte (Hebreos 9:27). No se nos anima a vaciar nuestras mentes, sino, al contrario, a ganarnos la mente de Cristo. No se nos anima a hacer buenas obras para evolucionar, sino a hacerlo como resultado de nuestra fe en Cristo, sabiendo que no somos y nunca seremos salvos por las obras; sin embargo, una fe sin obras está muerta. No se nos anima a pagar penitencias, porque, además de no poder pagarle nada a Dios, eso significaría despreciar la cruz de Cristo.

Estos son solo algunos puntos en los que el cristianismo se diferencia de muchas otras creencias. Son cruciales para comprender el poder del verdadero evangelio: no está en los hombres, sino exclusivamente en Dios a través de la persona de Cristo. El evangelio es el poder salvador del Dios viviente que está por encima de todo y de todos, y no hay salvación fuera de él. Dios puede hacer absolutamente cualquier cosa: su poder no conoce limitaciones.

"Y les dijo: Id por todo el mundo; predicad el evangelio a toda criatura" (Marcos 16:15). Hemos visto en los capítulos anteriores el contexto en el que Jesús usa esta frase. A través de Su muerte, resurrección y batalla escatológica, a Jesús se le dio autoridad en el cielo y en la tierra para que el evangelio se predicara en todas las naciones; ya a aquellos que alguna vez estuvieron atrapados en la ceguera espiritual se les dio la oportunidad de escuchar las buenas nuevas que Dios trae a los hombres. Y, precisamente porque era el poder de Dios para la salvación, Jesús le dio gran importancia a la predicación del evangelio.

El Señor Jesús conoce exactamente los efectos que tiene el escuchar la Palabra de Dios en la vida del que ha sido llamado a la salvación. El evangelio nos salva de la culpa y el poder del pecado y nos reconcilia con Dios. En el futuro, nos librará de la presencia del pecado para la plena posesión de la vida eterna. Es eficaz en todos los sentidos, precisamente porque es el poder de Dios. Y, a diferencia de lo que muchos piensan, el poder de Dios va mucho más allá de lo que buscamos. Muchos buscan este poder para prosperar materialmente, encontrar un cónyuge y deshacerse de las tribulaciones. Sin embargo, la manifestación del poder que Dios promete mediante la predicación del evangelio es mucho más solemne que cualquier otra bendición que podamos recibir. La manifestación de este poder es capaz de transformar una vida por completo y para siempre.

Si miramos nuestra vida ahora mismo, ¿dónde encontraremos nuestro corazón? ¿En el trabajo? ¿En el dinero? ¿En fiestas? El evangelista Mateo cita un hecho fundamental por el cual debemos evaluar nuestra vida: "Porque donde estuviere vuestro tesoro, allí estará vuestro corazón" (Mateo 6:21). Por eso, debemos preguntarnos: ¿Dónde está nuestro tesoro? ¿En las cosas terrenales o en el cielo? Una cosa es cierta: todo aquello a lo que le demos prioridad en nuestra vida, en lugar de Dios, se convertirá en nuestro dios y nuestro corazón estará allí.

Es precisamente en este contexto que vemos a mucha gente demasiado ocupada con sus becerros de oro para escuchar la palabra de salvación, sin prestar atención a que el tiempo pasa rápido y el evangelio es para hoy. Jesús advirtió a los discípulos sobre la urgencia del evangelio:

> Entre tanto, los discípulos le rogaban, diciendo: Rabí, come. Él les dijo: Yo tengo una comida que comer, que vosotros no sabéis. Entonces los discípulos decían unos a otros: ¿Le habrá traído alguien de comer? Jesús les dijo: Mi comida es que haga la

¿Dónde está nuestro **tesoro**? ¿En las cosas terrenales o en el cielo? Una cosa es cierta: todo aquello a lo que le demos **prioridad** en nuestra vida, en lugar de Dios, se convertirá en nuestro dios y nuestro **corazón** estará allí.

> voluntad del que me envió, y que acabe su obra.
> ¿No decís vosotros: Aún faltan cuatro meses para
> que llegue la siega? He aquí os digo: Alzad vuestros
> ojos y mirad los campos, porque ya están blancos
> para la siega Y el que siega recibe salario, y recoge
> fruto para vida eterna, para que el que siembra
> goce juntamente con el que siega. Porque en esto es
> verdadero el dicho: Uno es el que siembra, y otro es
> el que siega. Yo os he enviado a segar lo que vosotros
> no labrasteis; otros labraron, y vosotros habéis
> entrado en sus labores. (Juan 4:31-38).

Estas palabras fueron dichas por Jesús a los discípulos después de que tuvo lugar un gran avivamiento en la ciudad de Samaria, donde la mujer samaritana recibió las buenas nuevas de Cristo junto al pozo y, a través de la vida de esta mujer, muchos samaritanos creyeron en Jesús (Juan 4:39). ¡Qué evento tan tremendo! A pesar de esto, los discípulos estaban más preocupados por la comida que por el avivamiento que acababa de ocurrir en la ciudad de los samaritanos, un pueblo tan despreciado por los judíos debido a su forma distorsionada de interpretar la Ley de Moisés. Jesús, sin embargo, no tenía prejuicios. Se detuvo en ese pozo a propósito para cumplir con una agenda divina que incluía la ciudad de Samaria. Algo maravilloso estaba sucediendo en ese lugar, pero los discípulos se habían desviado del propósito y estaban distraídos por asuntos triviales. No se dieron cuenta de que el poder de Dios para la salvación a través del evangelio ya estaba en acción y que no era un evento futuro.

Jesús usó parábolas de agricultura para explicar cosas complejas de una manera simple. En ese momento, la agricultura era la principal actividad del pueblo y, por tanto, el lenguaje utilizado por Jesús era sencillo de asimilar por aquellos a quienes iba dirigido el mensaje. Específicamente en Juan 4:35, Jesús enfatiza lo que dijeron sus discípulos: faltan cuatro meses para que el campo produzca la cosecha. Los discípulos no se equivocaron desde el punto de vista agrícola, ya que era diciembre o principios de enero, y la cosecha en esa región comenzó a finales de abril, es decir, cuatro meses después. Pero Jesús no estaba hablando de trigo; Se refería a una realidad espiritual infinitamente más profunda de lo que imaginaban los discípulos. Y enseguida completa Jesús: el campo ya está listo para la cosecha. Es decir, no debemos esperar la llegada de un tiempo que ya está ocurriendo en el reino de Dios.

Esta urgencia enfatizada por Jesús radica en algunos factores, de los cuales podemos mencionar cuatro: 1) Somos como la niebla que aparece hoy y mañana se va; 2) Jesús regresará sin avisar a nadie y, si no tenemos aceite en nuestra lámpara, es decir, el sello del Espíritu, seremos excluidos del banquete; 3) no podemos vivir con la convicción de que habrá un mañana, porque puede que el mañana no llegue para ti y para mí; 4) no habrá una segunda oportunidad después de la muerte.

Jesús nos da la paz que sobrepasa toda comprensión. Esto no quiere decir que una vida con Dios sea una vida sin problemas, sino que, incluso en los problemas, encontramos en Él la fuerza para continuar y alabar su nombre, con la seguridad de que no somos de aquí y vamos hacia una vida infinitamente mejor que esta. "Antes bien, como está escrito: Cosas que ojo no vio, ni oído oyó, Ni han subido en corazón de hombre, Son las que Dios ha preparado para los que le aman" (1Corintios 2:9).

Esta es la seguridad que nos da una paz abundante aún en medio del desierto, incluso en medio del dolor y la tribulación.

Que seamos sabios mientras tengamos tiempo no solo para recibir el evangelio, sino para llevarlo adelante. Pablo nos asegura en su carta a los Romanos que estamos en deuda con las buenas nuevas de Cristo, porque no hay salvación fuera del evangelio, y cualquier otra posibilidad que se nos presente con ese propósito debe ser maldecida.

Fuimos comisionados por Dios mismo con un propósito: ir y predicar el evangelio. Esta es nuestra deuda con nuestros vecinos, con los de casa y con los de fuera. En cuanto a la Palabra de Dios, necesitamos darla y también recibirla. Aunque no tengas un ministerio ordenado en la iglesia, hay un ministerio ordenado por Dios mismo: el de la reconciliación, en el que nuestra misión es proclamar a Cristo, que reconcilia a los hombres con Dios. Y hay una seguridad aclarada por la Palabra de Dios: necesitamos reconciliarnos con Él antes de recibir la herencia de la vida eterna, y que, sin Cristo, no hay reconciliación.

Finalmente, frente a todas las razones bíblicamente fundamentadas y expuestas en este libro, deseo con toda mi alma que reflexiones sobre la urgencia del evangelio en tu vida y en la de los demás. El mañana no está garantizado para nadie y los campos ya se están preparando para la cosecha. El día es hoy. El momento es ahora. Existe una urgencia inminente que, aunque no se pueda describir completamente con palabras, es real, y debemos mirar este hecho con seriedad y cuidado. Que no nos acostumbremos a un mundo que se burla del Creador y que no nos ajustemos a los estándares culturales de una patria que no es la nuestra.

El evangelio nunca ha sido más urgente y el mundo nunca se ha estado desmoronando tan rápido, en caída libre hacia la ruina total, como lo hace ahora. Lo vemos claramente en las familias destruidas, en las ideologías falaces de la era posmoderna, en el libertinaje atroz y en la velocidad con la que las aberraciones hechas por manos humanas se difunden y comparten a través de Internet. Nuestras semillas están siendo robadas y el mundo necesita *sal* y *luz* más que nunca. Necesita urgentemente ser liberado por la Verdad y vivificado no por una existencia falsa, sino por la vida que solo el Espíritu vivificante nos da. Quiero que nos despierten de nuestro sueño profundo y, más que eso, que despertemos antes de que nuestro despertador ya no nos despierte más.

Termino este libro con esta oración:

Señor Dios y Padre, ¡alabado sea tu nombre!
Te exalto y te agradezco por la vida de cada uno de
mis lectores y por la oportunidad de tomar tu Palabra,
que es poderosa y eficaz, capaz de discernir alma y
espíritu, huesos y tuétanos, trayendo entendimiento, para
despertarnos de nuestra ceguera espiritual.
¡Ten piedad de nosotros! Somos pequeños, pecadores y
profundamente necesitados de tu salvación.
Perdónanos, Señor, por nuestros pecados y pon en nosotros
un corazón de carne en lugar de un corazón de piedra.
Abre nuestros oídos espirituales para que la buena nueva
de tu amado Hijo entre en lo más profundo de nuestro ser y que
tu ley se grabe en nuestros corazones.

No hay nada que podamos hacer para que nos ames más o menos, o para hacernos dignos de tu salvación, que solo existe por la gracia de la fe en Jesucristo. Es justamente esta fe salvadora lo que necesitamos y deseamos. Abrimos nuestros corazones para que la fe, don exclusivo del Señor, nos sea dada. Despierta, Señor, a los que todavía duermen y a los que han sido llamados por tu bendición, de acuerdo con tu voluntad.
Tu Palabra no regresa vacía, y es con esa seguridad que entrego en tus manos los frutos que puedan producirse con este libro, porque tu voluntad es buena, perfecta y agradable, y eres Tú quien tiene la última palabra. Te doy gracias, Padre, por tu infinito amor, bondad y misericordia. Esta es mi oración, en el santo nombre de Jesús. ¡Amén!

Sobre la autora

Bella Falconi está casada y es madre de dos niñas, Victoria y Stella. Es Licenciada y Máster en Nutrición por la Northeastern University, EUA, y también tiene una licenciatura en Teología Sistemática del Centro Presbiteriano Andrew Jumper. Es una oradora reconocida internacionalmente e *influencer* digital, con más de 4 millones de seguidores, también es integrante de la Iglesia Presbiteriana Pinheiros en São Paulo, Brasil.

Su opinión es importante para nosotros. Por favor, envíe sus comentarios al correo electrónico **editorial@hagnos.com.br**

Visite nuestra página web:
www.mundohagnos.com

Esta obra fue compuesta en la fuente Artigo 11,5/17,30 e impresa en Imprensa da Fé. San Pablo, Brasil. Invierno de 2021.